M365 Copilot pour Managers

Élevez Votre Leadership avec l'IA

Alexandre Leroy

M365 Copilot pour Managers

Élevez Votre Leadership avec l'IA

Publié par
Alexandre Leroy

ISBN
9798280010581

Droits d'auteur

Avis de Non-Responsabilité :

TABLE DES MATIÈRES

INTRODUCTION

Chaque matin, je me réveille avec une conviction profonde : nous vivons un moment charnière dans l'histoire du management. Un moment où la technologie ne remplace pas le leader, mais l'augmente, le libère, et lui permet de se concentrer sur l'essentiel - la stratégie, l'humain, l'innovation. Cette conviction n'est pas née du jour au lendemain. Elle s'est forgée au fil de mes quinze années d'expérience en accompagnant des managers à tous les niveaux hiérarchiques, confrontés aux mêmes défis récurrents : trop d'informations, trop peu de temps, et une pression constante pour livrer des résultats tout en développant leurs équipes.

Peut-être vous reconnaissez-vous dans ce portrait ? Vous êtes manager, chef de service ou cadre intermédiaire. Votre journée déborde d'emails non lus, de réunions qui s'enchaînent, de rapports à analyser, de décisions à prendre et d'une équipe qui attend votre guidance. Vous aspirez à être ce leader stratégique et inspirant que vous savez pouvoir être, mais la réalité quotidienne vous ramène sans cesse aux tâches opérationnelles, administratives, rédactionnelles. Vous cherchez constamment l'équilibre parfait entre micro-management inefficace et délégation risquée.

J'ai été à votre place. J'ai connu ces frustrations. Et c'est précisément pourquoi j'ai écrit ce livre.

Microsoft 365 Copilot représente une révolution silencieuse pour nous, managers. Pas une de ces révolutions tapageuses annoncées à grand renfort de marketing, mais une transformation profonde dans notre façon de travailler, de communiquer, de décider et de mener nos équipes. Un outil qui, pour la première fois, s'intègre naturellement dans notre écosystème professionnel quotidien pour nous aider à faire face à nos défis les plus pressants.

Qu'est-ce que M365 Copilot exactement ? Imaginez un assistant numérique intégré à votre suite Microsoft 365 – Word, Excel, PowerPoint, Outlook, Teams – capable de comprendre vos intentions, d'analyser vos données, de rédiger vos communications, de synthétiser vos réunions, et bien plus encore. Non pas un remplaçant, mais un amplificateur de votre intelligence managériale, libérant votre temps et votre esprit pour vous concentrer sur ce qui fait vraiment la différence : la relation humaine, le coaching, la vision stratégique.

Ce livre n'est pas un manuel technique. Vous ne trouverez pas ici un catalogue exhaustif des fonctionnalités de Copilot. Ce qui m'intéresse, c'est de vous montrer comment cet outil peut concrètement transformer votre quotidien de manager, comment il peut vous aider à surmonter les défis que je rencontre tous les jours sur le terrain auprès des leaders que j'accompagne.

Car la réalité est sans appel : les managers sont surchargés. Une étude récente révèle qu'ils passent en moyenne 65% de leur temps sur des tâches administratives plutôt que sur le développement de leurs équipes. Un autre rapport indique que la charge cognitive liée au traitement de l'information a augmenté de 50% ces cinq dernières années. Pendant ce temps, les attentes envers les managers n'ont jamais été aussi élevées : on leur demande d'être à la fois visionnaires, coachs, experts techniques, communicants inspirants, et gestionnaires efficaces.

Dans ce contexte, j'ai constaté un phénomène préoccupant. Confrontés à cette surcharge, de nombreux managers adoptent des comportements contre-productifs. Certains se réfugient dans le micro-management, contrôlant chaque aspect du travail de leurs équipes par peur de perdre le fil. D'autres, au contraire, pratiquent une délégation excessive sans cadre ni suivi, créant confusion et désengagement. La plupart oscillent entre ces deux extrêmes, générant frustration et inefficacité.

Mon objectif avec ce livre est simple mais ambitieux : vous montrer comment utiliser M365 Copilot pour libérer votre potentiel de leader, augmenter votre impact tout en réduisant votre charge, et créer les conditions d'une équipe plus performante et plus épanouie.

À travers ces pages, nous explorerons cinq domaines clés où Copilot peut transformer votre pratique managériale :

D'abord, nous verrons comment récupérer votre temps le plus précieux en automatisant les tâches chronophages et à faible valeur ajoutée. Je vous montrerai comment gagner plusieurs heures par semaine grâce à des techniques précises et immédiatement applicables.

Ensuite, nous découvrirons comment amplifier votre impact communicationnel, en créant des messages plus persuasifs, des présentations plus engageantes, et des feedbacks plus constructifs, le tout avec l'assistance intelligente de Copilot.

Le troisième axe nous permettra d'obtenir une clarté instantanée sur les performances et les projets, transformant des données complexes en informations actionnables, vous permettant de prendre le pouls de votre activité en temps réel.

Nous verrons également comment accélérer votre prise de décision et renforcer l'autonomie de votre équipe, en utilisant Copilot comme un véritable analyste personnel qui vous aide à évaluer des scénarios complexes et à mettre en place un système de délégation fiable.

Enfin, et c'est peut-être le plus important, nous explorerons comment libérer votre leadership stratégique et cultiver les talents de votre équipe, en réinvestissant le temps gagné dans ce qui fait réellement la différence : le coaching individuel, le développement des compétences, et la mobilisation de l'intelligence collective.

Ce parcours n'est pas théorique. Il s'appuie sur mon expérience concrète et celle des managers que j'accompagne quotidiennement. Chaque chapitre contient des exemples réels, des prompts spécifiques à utiliser avec Copilot, et des applications pratiques que vous pourrez mettre en œuvre dès aujourd'hui.

J'ai écrit ce livre avec une conviction : la technologie doit servir l'humain, et non l'inverse. L'IA générative comme Copilot n'est pas là pour remplacer votre jugement, votre expertise ou votre sensibilité. Elle est là pour vous libérer des tâches répétitives et chronophages, vous permettant de vous concentrer sur ce qui fait de vous un leader unique et irremplaçable.

Ce livre s'adresse à vous si vous êtes manager d'équipe, responsable de service, cadre intermédiaire, ou simplement un professionnel qui aspire à développer ses compétences de leadership dans un monde transformé par l'IA. Que vous soyez novice en technologie ou utilisateur avancé, vous trouverez ici des stratégies adaptées à votre niveau et à vos besoins spécifiques.

Dans un environnement professionnel en constante évolution, où l'adaptabilité et l'agilité sont devenues des compétences essentielles, maîtriser Copilot représente un avantage concurrentiel significatif. Les premiers à adopter ces outils et à les intégrer intelligemment dans leur pratique managériale seront les leaders de demain.

Ma promesse est simple : après la lecture de ce livre et l'application de ses principes, vous ne verrez plus votre rôle de manager de la même façon. Vous aurez les clés pour devenir ce que j'appelle un "leader augmenté" : plus efficace dans vos actions, plus stratégique dans vos décisions, plus inspirant dans vos interactions, et paradoxalement, plus humain dans votre leadership.

Je tiens à clarifier un point important dès le départ : ce livre n'est pas écrit par un technicien, mais par un manager pour des managers. Mon approche de Copilot est pragmatique, centrée sur les résultats concrets que vous pouvez obtenir. Je ne m'attarderai pas sur des considérations techniques complexes, mais sur l'application pratique et les bénéfices tangibles pour votre quotidien professionnel.

Au fil de mes interventions en entreprise, j'ai identifié un paradoxe fascinant : plus les outils technologiques se multiplient, plus le besoin de compétences profondément humaines s'intensifie. Empathie, créativité, intelligence émotionnelle, pensée critique – ces qualités deviennent non pas moins importantes, mais cruciales dans un monde augmenté par l'IA. C'est pourquoi ce livre ne se contente pas de vous apprendre à utiliser un outil; il vous guide vers une nouvelle philosophie de leadership où la technologie amplifie votre humanité plutôt que de la diminuer.

Lors d'un récent séminaire avec des managers d'une grande entreprise française, l'un d'eux m'a confié : "Je passe tellement de temps à gérer l'information que je n'ai plus le temps de gérer mon équipe." Cette phrase résume parfaitement le défi que nous allons relever ensemble. Copilot est précisément l'outil qui peut vous aider à inverser cette tendance, à passer du statut de gestionnaire d'informations à celui de véritable leader d'équipe.

Je suis convaincu que nous sommes à l'aube d'une nouvelle ère pour le management. Une ère où la technologie nous libère pour nous concentrer sur l'essentiel, où l'IA nous décharge des tâches répétitives pour nous permettre d'exprimer pleinement notre potentiel de leader. Cette transformation n'est pas seulement possible – avec les bons outils et la bonne approche, elle est à portée de main.

Alors, embarquons ensemble dans cette exploration de ce que j'appelle le "leadership augmenté", et découvrons comment M365 Copilot peut devenir votre allié le plus précieux dans votre quête d'excellence managériale.

Diagnostiquer Votre Surcharge Managériale Actuelle

Identifier les Voleurs de Temps Quotidien qui Drainent Votre Énergie

La première fois que j'ai pris conscience de l'ampleur du problème, c'était lors d'une session de coaching avec un directeur commercial d'une entreprise technologique française. En analysant son agenda, nous avons fait un constat alarmant : sur une semaine type de 45 heures, moins de 5 heures étaient consacrées au développement de son équipe et à la réflexion stratégique. Le reste ? Une succession de réunions mal préparées, d'emails chronophages, de rapports manuels et d'interruptions constantes.

Cette réalité n'est pas un cas isolé. Dans mon travail d'accompagnement auprès de managers à tous niveaux, je constate systématiquement les mêmes schémas. La bonne nouvelle ? Nous pouvons reprendre le contrôle en identifiant précisément ces "voleurs de temps" avant de mettre en place des stratégies pour les éliminer.

Commençons par un exercice simple mais révélateur : pendant une semaine typique, notez dans un tableau toutes vos activités, le temps que vous y consacrez et leur valeur réelle pour votre organisation et votre équipe. Ce que vous découvrirez risque de vous surprendre.

Voici les principaux voleurs de temps que j'identifie régulièrement chez les managers français, classés par impact :

- **La boîte mail envahissante** : Un cadre moyen reçoit environ 121 emails par jour. Chaque interruption pour consulter un message entrant nécessite ensuite 23 minutes pour retrouver sa concentration initiale. Multipliez ce chiffre par le nombre de fois où vous vérifiez votre boîte mail quotidiennement, et vous comprendrez l'ampleur du problème.

- **Les réunions improductives** : Selon une étude que j'ai menée auprès de 50 managers français, ils passent en moyenne 16 heures par semaine en réunion, dont ils estiment que 30% sont inutiles ou inefficaces. C'est l'équivalent d'une journée entière perdue chaque semaine.

- **La recherche d'informations éparpillées** : Mes clients rapportent passer jusqu'à 2 heures par jour à chercher des informations dispersées dans différents dossiers, plateformes et emails. C'est non seulement du temps perdu mais aussi une source majeure de frustration.

- **La rédaction manuelle de rapports et synthèses** : La préparation de comptes-rendus, synthèses de réunions ou rapports d'activité représente souvent 3 à 5 heures hebdomadaires pour un manager intermédiaire – un travail nécessaire mais extrêmement chronophage.

- **Les interruptions constantes** : Chaque question d'un collaborateur, notification de messagerie instantanée ou appel imprévu fragmente votre concentration et diminue votre productivité globale. Ces micro-interruptions peuvent représenter jusqu'à 28% de votre journée de travail.

L'impact de ces voleurs de temps va bien au-delà des heures perdues. Ils génèrent également ce que j'appelle "la dette cognitive" – cette sensation d'épuisement mental en fin de journée, alors même que vous avez l'impression de n'avoir rien accompli d'essentiel.

Un directeur marketing avec qui je travaillais récemment m'a confié : "Je passe mes journées à être réactif, à gérer l'urgent plutôt que l'important. Le soir, je suis épuisé mais je ne vois pas ce que j'ai réellement produit ou apporté à mon équipe." Cette phrase résume parfaitement le piège dans lequel de nombreux managers se trouvent enfermés.

Pour identifier vos voleurs de temps personnels, je vous propose une méthodologie simple mais efficace :

1. **L'audit temporel** : Pendant une semaine, notez chaque activité et sa durée. Catégorisez ensuite ces activités selon qu'elles sont :

   - Stratégiques (développement d'équipe, vision à long terme)
   - Opérationnelles nécessaires (coordination, décisions)
   - Administratives à faible valeur ajoutée (emails, rapports standards)
   - Interruptions et distractions

2. **L'analyse de valeur** : Pour chaque activité récurrente, posez-vous ces questions clés :

   - Cette tâche pourrait-elle être déléguée ?
   - Pourrait-elle être automatisée ou simplifiée ?
   - Apporte-t-elle une valeur significative à mon équipe ou à l'organisation ?
   - Est-elle alignée avec mes priorités et responsabilités principales ?

3. **L'identification des schémas** : Observez à quels moments de la journée vous êtes le plus productif et quelles circonstances déclenchent les pertes de temps (certaines personnes, types de demandes, environnements).

En réalisant cet exercice avec une cheffe de service RH, nous avons découvert qu'elle passait près de 40% de son temps en tâches administratives qui auraient pu être automatisées ou déléguées. Cette prise de conscience a été le premier pas vers une transformation profonde de son approche managériale.

Les signes révélateurs que vous êtes victime de voleurs de temps sont souvent subtils mais omniprésents :

- Vous terminez régulièrement vos journées avec le sentiment que votre liste de tâches importantes n'a pas diminué
- Vous reportez systématiquement les projets stratégiques au profit de l'urgence du moment
- Vous avez l'impression de toujours courir après le temps
- Vos collaborateurs se plaignent de ne pas avoir suffisamment de moments d'échange avec vous
- Vous travaillez régulièrement en dehors des heures de bureau pour "rattraper" le retard

L'un des voleurs de temps les plus insidieux que j'observe chez de nombreux managers est ce que j'appelle "le piège de la disponibilité permanente". Dans notre culture professionnelle hyperconnectée, nous avons développé une norme implicite selon laquelle un bon manager est toujours disponible pour son équipe et sa hiérarchie. Cette croyance est non seulement fausse mais activement nuisible à votre efficacité. Un manager constamment interrompu ne peut pas exercer ses fonctions les plus critiques : réflexion stratégique, coaching approfondi, analyse des tendances.

Une autre catégorie particulièrement énergivore concerne ce que j'appelle "les tâches zombie" – ces activités qui persistent par pure inertie organisationnelle. Ce rapport hebdomadaire que personne ne lit vraiment, cette réunion de statut qui pourrait être un simple email, ce processus manuel maintenu alors qu'une solution automatisée existe... Ces tâches zombie dévorent votre temps et votre énergie sans apporter de valeur proportionnelle.

Pour comprendre l'impact réel de ces voleurs de temps, considérons une simple équation : si vous récupériez seulement 10 heures par semaine actuellement perdues en tâches à faible valeur ajoutée, cela représenterait plus de 450 heures par an – l'équivalent de presque trois mois de travail à plein temps que vous pourriez réinvestir dans le leadership stratégique, le développement de vos équipes et l'innovation.

Dans mes séminaires, j'utilise souvent une métaphore qui résonne particulièrement auprès des managers : imaginez votre énergie quotidienne comme un réservoir d'eau. Chaque décision, chaque interruption, chaque changement de contexte mental ouvre légèrement le robinet. En fin de journée, de nombreux managers constatent que leur réservoir est vide, sans avoir pour autant alimenté les projets et les personnes qui comptent vraiment.

Je me souviens d'un directeur technique qui, après notre travail sur l'identification des voleurs de temps, a pris une décision radicale : bloquer deux plages de 90 minutes par jour pour le travail profond et stratégique, sans interruptions. Six mois plus tard, son équipe avait réduit le temps de mise sur le marché de nouvelles fonctionnalités de 40% et l'engagement de ses collaborateurs avait significativement augmenté. Pourquoi ? Parce qu'il avait enfin du temps pour réfléchir aux problèmes complexes, coacher son équipe et éliminer les obstacles structurels.

Un aspect souvent négligé des voleurs de temps est leur dimension collective et culturelle. Dans certaines organisations, la surabondance de réunions est devenue la norme. Dans d'autres, c'est la culture du email en copie qui prédomine. Ces phénomènes créent un cercle vicieux où chacun perpétue le problème par conformité. Briser ce cycle nécessite non seulement une prise de conscience individuelle mais aussi un leadership courageux pour établir de nouvelles normes.

L'ironie cruelle de notre époque est que nous disposons d'outils technologiques plus puissants que jamais, mais que de nombreux managers se sentent plus débordés et moins efficaces qu'auparavant. Ce paradoxe s'explique en partie par ce que les psychologues appellent "la surcharge informationnelle" – notre cerveau n'est simplement pas conçu pour traiter le volume et la diversité d'informations auxquels nous sommes confrontés quotidiennement.

La bonne nouvelle dans tout cela ? Nous sommes à un point d'inflexion technologique. L'intelligence artificielle, et plus spécifiquement M365 Copilot, représente une opportunité sans précédent pour les managers de reconquérir leur temps et leur énergie. Non pas en ajoutant un outil supplémentaire à maîtriser, mais en intégrant une assistance intelligente directement dans les applications que vous utilisez déjà quotidiennement.

Dans les prochaines sections, nous explorerons comment Copilot peut devenir votre allié pour combattre chacun des voleurs de temps que nous avons identifiés. Mais avant cela, prenons le temps de comprendre plus précisément comment ces voleurs de temps affectent non seulement votre efficacité professionnelle, mais aussi votre bien-être et votre leadership au quotidien.

La première étape vers la libération est la prise de conscience. En identifiant clairement les activités qui drainent votre temps et votre énergie sans apporter de valeur proportionnelle, vous posez les bases d'une transformation profonde de votre pratique managériale. Cette prise de conscience n'est pas une fin en soi, mais le point de départ indispensable pour mettre en place des stratégies efficaces avec l'aide de Copilot.

Je vous encourage dès maintenant à commencer votre audit personnel. Quels sont les voleurs de temps qui impactent spécifiquement votre quotidien ? Quelles tâches répétitives ou administratives pourraient être automatisées ou optimisées ? Cette réflexion préalable vous permettra de tirer pleinement parti des stratégies que nous développerons ensemble dans ce livre.

CARTOGRAPHIER L'IMPACT DE LA CHARGE MENTALE SUR VOTRE LEADERSHIP ET VOTRE BIEN-ÊTRE

La charge mentale du manager moderne va bien au-delà du simple stress professionnel. Elle représente ce fardeau invisible, cette accumulation cognitive de responsabilités, décisions, informations et préoccupations que vous portez en permanence. Ce concept, souvent mal identifié, explique pourquoi tant de managers talentueux se sentent épuisés malgré une apparente maîtrise de leurs agendas.

Un directeur commercial avec qui je travaillais récemment m'a confié : "Je me réveille la nuit en pensant à ce rapport que je dois valider, ce conflit d'équipe à résoudre, cette présentation à préparer pour le comité de direction... Mon cerveau ne s'arrête jamais." Cette confession illustre parfaitement ce phénomène de charge mentale qui affecte profondément votre capacité à diriger efficacement.

La neuropsychologie nous éclaire sur ce mécanisme. Notre cerveau possède des ressources cognitives limitées. Chaque tâche mentale en suspens, chaque décision à prendre, chaque information à traiter consomme une partie de cette précieuse ressource. Plus votre rôle implique de responsabilités simultanées, plus cette charge s'amplifie, jusqu'au point où elle commence à éroder vos capacités décisionnelles, créatives et relationnelles.

Pour cartographier précisément l'impact de cette charge mentale sur votre leadership, je vous propose d'explorer ses différentes manifestations concrètes :

- **L'épuisement décisionnel** : Après une journée de choix multiples, petits et grands, votre capacité à prendre des décisions stratégiques s'érode significativement. Les neurosciences appellent ce phénomène la "fatigue décisionnelle". Vous reportez alors les choix complexes, optez pour des solutions de facilité, ou vous réfugiez dans le micro-management.

- **La fragmentation attentionnelle** : Le passage constant d'une tâche à l'autre, d'une préoccupation à l'autre, épuise vos ressources cognitives. Ce changement de contexte permanent peut réduire votre productivité intellectuelle de 40% selon certaines études. Résultat : vous travaillez plus pour accomplir moins.

- **L'hypervigilance professionnelle** : Cette impression de devoir constamment rester alerte, de surveiller multiples fronts simultanément, génère un état de tension neurophysiologique chronique. Cette hypervigilance épuise vos ressources physiques et mentales jour après jour.

- **La surcharge d'empathie** : En tant que manager, vous absorbez quotidiennement les émotions, préoccupations et attentes de vos collaborateurs. Cette dimension relationnelle, souvent sous-estimée, représente une part considérable de votre charge mentale.

J'ai développé un outil d'auto-évaluation pour mes clients managers que je vous partage ici. Sur une échelle de 1 à 5, évaluez votre situation actuelle face à ces manifestations de charge mentale :

1. **Pensées professionnelles intrusives** : À quelle fréquence des préoccupations professionnelles envahissent-elles votre temps personnel ?
2. **Procrastination décisionnelle** : Combien de décisions importantes avez-vous reportées ces dernières semaines par manque d'énergie mentale ?
3. **Sensation d'éparpillement** : À quel point vous sentez-vous incapable de vous concentrer pleinement sur une tâche importante ?

4. **Irritabilité relationnelle** : Constatez-vous une diminution de votre patience et de votre disponibilité émotionnelle avec votre équipe ?
5. **Créativité diminuée** : Votre capacité à générer des idées nouvelles et des solutions innovantes vous semble-t-elle réduite ?

Un score total supérieur à 15 indique une charge mentale probablement excessive, affectant significativement votre leadership et votre bien-être. Mais au-delà du diagnostic, c'est la compréhension des conséquences qui importe.

L'impact de cette charge mentale se manifeste concrètement dans votre leadership quotidien. J'observe chez de nombreux managers que j'accompagne un phénomène que j'appelle "le paradoxe de l'efficacité apparente". De l'extérieur, ces managers semblent productifs, toujours en mouvement, multitâches. Mais cette agitation masque souvent une perte profonde d'efficacité stratégique.

La première victime de la charge mentale excessive est votre vision stratégique. Accaparé par l'opérationnel, votre cerveau n'a plus l'espace mental nécessaire pour prendre du recul, analyser les tendances, anticiper les changements. Vous devenez réactif plutôt que proactif, gérant les urgences au lieu de créer les opportunités.

La qualité de vos relations managériales s'érode également. Un cerveau surchargé perd en finesse perceptive et en capacité d'écoute profonde. Les signaux faibles émis par vos collaborateurs passent inaperçus. Les conversations deviennent plus mécaniques, moins authentiques. La confiance peut s'effriter progressivement sans que vous en preniez pleinement conscience.

Votre créativité et votre capacité d'innovation s'atrophient sous le poids de cette charge. Les neurosciences ont démontré que l'innovation émerge principalement dans un état mental détendu, lorsque le cerveau peut établir des connexions inattendues entre des idées apparemment sans rapport. Cet état devient inaccessible quand votre esprit est constamment saturé.

Cette situation affecte votre équipe par effet de cascade. Une étude menée auprès de managers intermédiaires a révélé que le niveau de stress perçu par un manager est reproduit à 85% dans son équipe. Vos collaborateurs ressentent votre surcharge, même si vous tentez de la masquer. Ils adoptent par mimétisme vos comportements d'urgence, votre fragmentation attentionnelle, votre réactivité excessive.

Sur le plan personnel, les conséquences sont tout aussi significatives. Le sommeil se dégrade, impactant directement vos capacités cognitives. Les frontières entre vie professionnelle et personnelle s'estompent, car votre cerveau reste en "mode travail" même pendant vos moments de détente. Les relations familiales peuvent en souffrir insidieusement.

Un aspect souvent négligé concerne l'identité professionnelle. De nombreux managers construisent leur estime de soi autour de leur capacité à "tout gérer". Reconnaître sa surcharge mentale implique alors de questionner cette image, ce qui peut générer résistance et déni. C'est pourquoi la prise de conscience représente souvent l'étape la plus difficile.

Pour amorcer cette prise de conscience, je vous invite à pratiquer un exercice simple mais révélateur. Pendant une journée typique, notez chaque changement de contexte mental, chaque préoccupation qui traverse votre esprit pendant que vous effectuez une tâche. Ce "journal de charge mentale" révèle souvent une fragmentation attentionnelle bien plus importante que vous ne l'imaginiez.

La bonne nouvelle dans ce tableau qui peut sembler sombre ? Cette charge mentale n'est pas une fatalité. Elle peut être significativement réduite grâce à des stratégies ciblées et des outils adaptés. C'est précisément là que Copilot entre en jeu, en offrant un potentiel extraordinaire pour alléger votre fardeau cognitif.

Je me souviens d'une directrice marketing qui, après avoir pris conscience de sa charge mentale excessive, a implémenté plusieurs changements avec l'aide de solutions technologiques. Six mois plus tard, elle m'a confié : "Je ressens une clarté mentale que je n'avais pas connue depuis des années. Je prends de meilleures décisions, je suis plus présente pour mon équipe, et paradoxalement, nous accomplissons davantage avec moins d'efforts."

Avant d'explorer les solutions concrètes que Copilot peut vous apporter, il est essentiel de comprendre que toute charge mentale n'est pas néfaste. Une certaine tension cognitive est nécessaire à la performance. C'est l'excès chronique, la saturation constante qui pose problème. L'objectif n'est pas d'éliminer toute charge, mais d'atteindre un équilibre optimal où votre cerveau dispose de l'espace nécessaire pour déployer ses capacités stratégiques et créatives.

Le neurologue David Rock parle de "capital attentionnel", cette ressource limitée que nous dépensons tout au long de la journée. Les managers les plus performants ne sont pas ceux qui en possèdent le plus, mais ceux qui savent l'investir judicieusement, qui protègent férocement ce capital contre les distractions et les tâches à faible valeur ajoutée.

Dans notre monde professionnel hyperconnecté, nous avons collectivement normalisé un niveau de charge mentale qui n'est pas soutenable sur le long terme. Reconnaître ce fait constitue déjà un acte de leadership. En prenant soin de votre écologie cognitive, vous ne faites pas preuve d'égoïsme, vous investissez dans votre capacité à mieux servir votre équipe et votre organisation.

La prochaine étape de notre parcours consistera à découvrir comment Copilot peut devenir votre allié stratégique pour alléger cette charge mentale. Non pas en ajoutant une couche technologique supplémentaire à maîtriser, mais en s'intégrant naturellement dans votre flux de travail pour absorber une part significative de cette charge invisible qui pèse sur votre leadership.

Rappelez-vous : l'objectif n'est pas de devenir plus productif pour faire toujours plus, mais de libérer votre esprit pour vous concentrer sur ce qui fait réellement la différence dans votre rôle de leader. La technologie au service de l'humain, et non l'inverse. C'est cette philosophie qui guidera notre exploration des possibilités offertes par M365 Copilot.

Dévoiler le Potentiel de l'IA : Votre Futur Assistant Stratégique Copilot

Comprendre Comment Copilot Révolutionne Concrètement le Rôle du Manager

La première fois que j'ai découvert Copilot dans la suite Microsoft 365, j'ai ressenti ce mélange unique d'excitation et de scepticisme qui accompagne souvent les innovations majeures. Était-ce simplement un gadget technologique de plus ou une véritable révolution pour les managers ? Après des mois d'utilisation intensive et d'accompagnement de managers français dans son adoption, ma conviction est désormais inébranlable : nous sommes face à une transformation profonde, non pas de ce que nous faisons, mais de comment nous le faisons.

Contrairement aux outils précédents qui ajoutaient souvent une couche de complexité à notre travail, M365 Copilot s'intègre naturellement dans votre flux de travail existant. Il ne s'agit pas d'apprendre un nouveau logiciel, mais d'améliorer votre utilisation des applications que vous maîtrisez déjà. Cette nuance fait toute la différence dans un contexte managérial où le temps d'apprentissage est une denrée rare.

Concrètement, qu'est-ce que Copilot ? C'est une intelligence artificielle générative intégrée directement dans les applications Microsoft 365 que vous utilisez quotidiennement : Outlook, Word, PowerPoint, Excel et Teams. Cette intégration native signifie que Copilot comprend le contexte de votre travail, a accès à vos documents et données d'entreprise, et peut interagir avec eux de manière intelligente et sécurisée.

Pour saisir pleinement son impact sur votre rôle de manager, examinons les capacités révolutionnaires que Copilot apporte à chaque dimension critique de votre fonction :

- **L'analyse et la synthèse d'information** : Votre capacité à traiter rapidement de grandes quantités d'informations définit souvent votre efficacité managériale. Copilot peut parcourir des centaines de pages de documents, des dizaines d'emails ou les transcriptions complètes de réunions pour en extraire les points essentiels en quelques secondes. J'ai vu un responsable commercial réduire de 90% le temps consacré à la préparation des synthèses hebdomadaires grâce à cette fonctionnalité.

- **La rédaction et la communication** : La qualité de votre expression écrite influence directement votre impact. Copilot peut générer, améliorer ou adapter vos communications managériales tout en respectant votre style personnel. Un directeur de projet m'a confié que ses messages d'équipe sont désormais non seulement plus rapides à produire, mais aussi plus clairs et impactants.

- **L'analyse de données et la prise de décision** : Transformez des tableaux de chiffres en insights actionnables instantanément. Copilot dans Excel peut analyser des tendances, suggérer des visualisations pertinentes, et même proposer des interprétations en langage naturel de vos données. Une responsable RH utilise maintenant cette fonction pour obtenir une lecture claire des enquêtes d'engagement en quelques minutes plutôt qu'en plusieurs heures.

- **L'organisation et la productivité** : La gestion efficace de votre temps et de vos priorités est fondamentale. Dans Outlook, Copilot peut trier vos emails par importance, suggérer des actions de suivi, et même rédiger des réponses contextualisées. Dans Teams, il peut créer des résumés de réunions avec points clés et actions assignées, transformant radicalement votre efficacité post-réunion.

La révolution apportée par Copilot repose sur trois innovations fondamentales qui le distinguent des outils précédents :

1. **L'intégration contextuelle** : Contrairement aux assistants IA génériques, Copilot comprend votre environnement professionnel spécifique, vos documents, votre historique et vos interactions. Cette contextualisation lui permet de fournir des réponses pertinentes et personnalisées.

2. **La multimodalité fluide** : Copilot passe sans effort du texte aux données, aux images, aux calendriers, créant une expérience cohérente à travers toutes vos tâches managériales. Vous interagissez avec lui en langage naturel, comme avec un collaborateur particulièrement compétent.

3. **L'augmentation plutôt que l'automatisation** : La philosophie derrière Copilot n'est pas de remplacer votre jugement mais de l'amplifier. Il vous propose des options, des analyses et des suggestions que vous restez libre d'ajuster, de modifier ou de rejeter.

Des études menées auprès de managers utilisant Copilot révèlent des impacts mesurables sur leur efficacité quotidienne :

- Réduction de 30 à 50% du temps consacré à la rédaction d'emails et de documents
- Diminution de 70% du temps nécessaire à la préparation de présentations de qualité
- Économie de 2 à 3 heures par semaine dans la gestion et le suivi des réunions
- Amélioration de 25% dans la qualité des analyses basées sur les données

Un aspect crucial et souvent négligé est l'évolution des compétences requises pour tirer pleinement parti de Copilot. La vraie maîtrise de cet outil repose moins sur des connaissances techniques que sur votre capacité à formuler clairement vos intentions et à poser les bonnes questions. Cette compétence, que j'appelle le "prompt engineering managérial", représente un nouveau savoir-faire stratégique que nous explorerons en profondeur dans ce livre.

La transformation du rôle du manager par Copilot peut se résumer en quatre dimensions fondamentales :

1. **Du manager exécutant au manager stratège** : Libéré des tâches chronophages de production et de mise en forme, vous pouvez consacrer plus de temps à la réflexion stratégique, l'anticipation et l'innovation.

2. **Du manager surchargé au manager focalisé** : En déléguant le traitement initial de l'information et les tâches préparatoires à Copilot, vous pouvez concentrer votre attention sur les dimensions véritablement humaines de votre rôle.

3. **Du manager réactif au manager proactif** : Avec une meilleure maîtrise de l'information et du temps, vous passez d'une posture de réaction permanente à une capacité d'initiative et d'anticipation.

4. **Du manager isolé au manager connecté** : Copilot facilite non seulement la communication mais aussi la collaboration, vous permettant de maintenir des liens plus riches et plus fréquents avec votre équipe et votre écosystème professionnel.

Un exemple concret de cette transformation : un chef de service informatique avec qui je travaillais passait auparavant 40% de son temps à produire des rapports et des synthèses pour sa direction. En utilisant Copilot, il a réduit ce temps à moins de 15%, réinvestissant les heures gagnées dans le coaching individuel de ses équipes et la conception de nouvelles offres de services. Six mois plus tard, son équipe affichait les meilleurs scores d'engagement de son département et avait lancé deux initiatives innovantes.

Cette révolution managériale s'opère dans un contexte où les attentes envers les managers n'ont jamais été aussi élevées. On vous demande simultanément d'être visionnaire, expert, coach, communicant et gestionnaire efficace. Sans assistance, ces exigences multiples créent une pression intenable et des arbitrages douloureux. Copilot change la donne en vous permettant d'exceller sur plusieurs fronts sans sacrifier votre équilibre ni votre bien-être.

La sécurité et la confidentialité constituent des préoccupations légitimes face à ces nouveaux outils. Il est important de comprendre que Copilot dans M365 respecte les politiques de sécurité de votre organisation et le cadre réglementaire du RGPD. Contrairement aux IA grand public, il ne partage pas vos données d'entreprise et n'est pas entraîné sur vos contenus confidentiels. Cette architecture sécurisée en fait un outil adapté même aux environnements professionnels les plus exigeants.

L'adoption de Copilot représente un avantage concurrentiel significatif dans votre parcours professionnel. Les managers capables d'intégrer intelligemment ces outils dans leur pratique se démarqueront par leur productivité, leur capacité d'analyse et leur disponibilité pour les aspects stratégiques et humains du management. Dans un marché du travail en constante évolution, cette compétence devient un différenciateur clé.

Tout au long de ce livre, j'ai choisi de vous présenter Copilot à travers le prisme de vos défis quotidiens plutôt que par ses fonctionnalités techniques. Car au fond, ce qui vous intéresse n'est pas la technologie pour elle-même, mais ce qu'elle peut vous apporter concrètement dans votre quête d'un leadership plus efficace et plus serein.

Je vous invite maintenant à découvrir comment cette révolution peut se matérialiser dans votre pratique quotidienne, transformant votre expérience du management et vous permettant de devenir le leader que vous avez toujours aspiré à être : stratégique, inspirant, présent pour votre équipe et maître de votre temps.

Visualiser Votre Transformation en Leader Augmenté et Plus Serein

Imaginez-vous arriver au bureau un lundi matin. Votre téléphone ne déborde pas de notifications en attente. Votre boîte mail est organisée, avec les messages importants déjà identifiés et résumés. Votre agenda de la semaine est optimisé, avec des plages dédiées à la réflexion stratégique et au coaching individuel. Ce n'est pas un rêve inaccessible, mais une réalité concrète que j'observe déjà chez les managers qui ont intégré Copilot dans leur pratique quotidienne.

Cette vision d'un leadership serein et puissant représente ce que j'appelle le "leader augmenté" - un professionnel qui utilise l'intelligence artificielle non comme une béquille, mais comme un multiplicateur de ses capacités naturelles. Ce concept va bien au-delà de la simple productivité; il s'agit d'une redéfinition profonde de ce que signifie diriger à l'ère numérique.

Le leadership augmenté repose sur cinq piliers fondamentaux que Copilot vous aide à développer :

- **L'espace mental libéré** : En déléguant les tâches cognitives répétitives à Copilot, votre cerveau dispose enfin de l'espace nécessaire pour la pensée stratégique, la créativité et l'innovation.

- **La présence attentive** : Libéré des distractions constantes, vous pouvez être véritablement présent dans vos interactions, écouter profondément vos collaborateurs et capter les signaux faibles qui font la différence.

- **L'agilité décisionnelle** : Avec une information synthétisée et contextualisée instantanément, vous prenez des décisions plus rapidement, avec plus de confiance et de précision.

- **L'influence amplifiée** : Vos communications gagnent en impact et en pertinence, renforçant votre capacité à inspirer et mobiliser votre équipe autour d'objectifs communs.

- **L'équilibre retrouvé** : La frontière entre vie professionnelle et personnelle devient plus nette, réduisant le stress chronique et favorisant un bien-être global qui améliore votre leadership.

Pour concrétiser cette vision, prenons le cas de Marion, directrice marketing d'une entreprise de taille intermédiaire que j'ai accompagnée l'année dernière. Avant d'intégrer Copilot dans son quotidien, Marion incarnait le profil classique du manager "toujours débordé" : réactive plutôt que proactive, constamment en retard dans ses livrables, et rarement disponible pour le coaching individuel pourtant essentiel au développement de son équipe.

Six mois après avoir adopté Copilot et réorganisé sa pratique managériale autour de cet outil, sa transformation était spectaculaire. Ses journées avaient gagné en structure, son équipe en autonomie, et elle-même en sérénité. Mais le plus frappant était sa nouvelle capacité à projeter une vision stratégique claire et à embarquer son équipe dans cette direction.

Comment mesurer concrètement votre propre transformation en leader augmenté ? J'ai développé un cadre d'évaluation que je partage avec tous mes clients managers, basé sur cinq dimensions mesurables :

1. **Ratio stratégique/opérationnel** : Quelle proportion de votre temps consacrez-vous aux tâches véritablement stratégiques versus les opérations quotidiennes ? Un leader augmenté vise au moins 40% de temps stratégique.

2. **Indice de présence relationnelle** : À quelle fréquence tenez-vous vos engagements de coaching et de développement envers votre équipe ? Mesurez le nombre

de sessions individuelles programmées versus réellement tenues.

3. **Vitesse décisionnelle** : Quel est le délai moyen entre l'identification d'un problème et la prise de décision ? Les leaders augmentés réduisent significativement ce temps sans sacrifier la qualité.

4. **Impact communicationnel** : Comment vos messages sont-ils reçus et intégrés par votre équipe ? Observez les taux de lecture, de réponse et surtout d'action suite à vos communications.

5. **Score de bien-être professionnel** : Évaluez votre niveau d'énergie, de satisfaction et d'équilibre au fil du temps, car un leader épuisé ne peut inspirer durablement.

La beauté de cette transformation réside dans sa nature progressive et cumulative. Chaque petite victoire sur la surcharge informationnelle, chaque réunion mieux préparée, chaque communication plus impactante contribue à un cercle vertueux où le temps libéré vous permet d'investir davantage dans les dimensions humaines et stratégiques de votre rôle.

Une dimension souvent négligée de ce parcours transformationnel concerne l'identité professionnelle. De nombreux managers définissent inconsciemment leur valeur par leur capacité à "tout gérer", à être constamment sollicités, à résoudre les crises. Passer au modèle du leader augmenté implique d'accepter que votre valeur réside désormais dans votre discernement, votre vision et votre influence, non dans votre hyperactivité ou votre omniscience.

Ce changement de paradigme peut générer une résistance initiale, tant chez vous que chez vos collaborateurs habitués à un certain mode de fonctionnement. J'ai observé chez plusieurs managers une phase de "syndrome de l'imposteur technologique" où ils doutent de la légitimité d'utiliser l'IA pour des tâches qu'ils réalisaient auparavant manuellement.

Pour surmonter ces résistances, je recommande une approche progressive articulée autour de trois phases :

- **Phase 1 : Délégation basique** - Commencez par confier à Copilot les tâches les plus chronophages et les moins gratifiantes (synthèses d'emails, préparation de comptes-rendus, formats de documents). Ces premiers succès construiront votre confiance.

- **Phase 2 : Collaboration augmentée** - Évoluez vers une utilisation plus sophistiquée où Copilot devient un partenaire de réflexion (analyse de tendances, génération d'idées, évaluation de scénarios).

- **Phase 3 : Leadership transformé** - Intégrez pleinement l'IA dans votre style de leadership, redessinant fondamentalement votre façon de communiquer, décider et développer votre équipe.

Les bénéfices tangibles de cette transformation dépassent largement le simple gain de temps. Dans mon travail d'accompagnement, j'observe systématiquement ces impacts concrets chez les managers qui embrassent le leadership augmenté :

- Réduction moyenne de 40% du temps consacré aux tâches administratives
- Augmentation de 35% du temps dédié au coaching individuel et au développement d'équipe
- Amélioration de 25% des scores d'engagement des collaborateurs
- Accélération de 30% dans la mise en œuvre des projets stratégiques
- Diminution significative des indicateurs de stress et d'épuisement professionnel

Un directeur de production avec qui je travaillais m'a récemment confié : "Pour la première fois depuis des années, j'ai l'impression de faire le travail pour lequel j'ai été embauché, pas seulement de courir après les urgences."

Cette transformation ne se limite pas à votre efficacité personnelle, elle rayonne sur votre équipe entière. Le paradoxe fascinant du leadership augmenté est qu'en utilisant davantage la technologie, vous devenez plus humain dans vos interactions. Libéré des contraintes opérationnelles, vous pouvez enfin incarner ce leader attentif, inspirant et stratégique que votre équipe mérite.

Visualiser concrètement cette transformation est essentiel pour maintenir votre motivation pendant la période d'adaptation. Je recommande à mes clients de créer ce que j'appelle un "tableau de vision du leadership augmenté" qui articule précisément :

1. Les frustrations actuelles que vous souhaitez éliminer
2. Les capacités nouvelles que vous voulez développer
3. L'impact tangible sur votre équipe et votre organisation
4. Les indicateurs concrets qui mesureront votre progression

Cette projection claire de votre futur rôle de leader augmenté servira de boussole pendant votre parcours d'adoption de Copilot et de transformation managériale.

Dans les chapitres qui suivent, nous explorerons en détail chacune des dimensions de ce leadership augmenté, avec des stratégies concrètes et des exemples pratiques pour intégrer Copilot dans votre pratique quotidienne. Nous commencerons par la fondation essentielle : récupérer votre temps le plus précieux en automatisant les tâches chronophages qui drainent actuellement votre énergie et votre attention.

La promesse de ce livre n'est pas de faire de vous un expert technique de l'IA, mais un leader augmenté qui utilise intelligemment cette technologie pour révéler pleinement son potentiel humain et stratégique. Car au fond, la véritable innovation managériale ne réside pas dans les outils eux-mêmes, mais dans la façon dont nous les utilisons pour transformer notre impact et notre bien-être professionnel.

1. INTÉGRER COPILOT POUR RÉCUPÉRER VOTRE TEMPS LE PLUS PRÉCIEUX

Le temps constitue la ressource la plus précieuse et la plus limitée pour un manager. Cette vérité m'a frappé lors d'une session de travail avec un directeur commercial qui, montre en main, a calculé qu'il consacrait moins de 2 heures par semaine au développement stratégique de son activité. Le reste? Une succession interminable de tâches administratives, de rédactions répétitives et de synthèses chronophages. Sa frustration était palpable, son potentiel de leadership inexploité.

Cette réalité résonne probablement avec votre propre expérience. Combien d'heures passez-vous chaque semaine à rédiger des comptes-rendus, à synthétiser des informations, à formater des documents ou à trier des emails? Ces tâches nécessaires mais chronophages représentent souvent plus de 60% du temps d'un manager, selon mes observations auprès des centaines de professionnels que j'accompagne.

Imaginez maintenant récupérer ne serait-ce que la moitié de ce temps. Que feriez-vous de ces heures libérées? Développer une vision plus ambitieuse pour votre équipe? Accompagner individuellement vos collaborateurs à fort potentiel? Résoudre enfin ce problème complexe qui sommeille depuis des mois dans votre liste de priorités?

La promesse de ce chapitre est simple mais révolutionnaire : vous montrer comment intégrer M365 Copilot dans votre quotidien pour automatiser les tâches à faible valeur ajoutée et récupérer des heures précieuses chaque semaine. Non pas pour travailler plus, mais pour travailler mieux, sur ce qui fait vraiment la différence.

L'économie d'attention devient cruciale dans notre environnement professionnel surchargé d'informations. Un manager typique reçoit aujourd'hui plus de 120 emails par jour, participe à près de 10 heures de réunions hebdomadaires et doit traiter un volume d'informations qui a quintuplé en une décennie. Face à cette avalanche, votre cerveau, aussi brillant soit-il, atteint ses limites cognitives.

Mon travail avec des équipes dirigeantes m'a montré que les managers les plus performants ne sont pas ceux qui travaillent le plus, mais ceux qui concentrent leur temps et leur énergie sur les activités à haute valeur ajoutée, en automatisant ou déléguant intelligemment le reste. C'est exactement ce que Copilot peut vous aider à accomplir.

Trois principes fondamentaux guideront notre exploration dans ce chapitre :

- **L'automatisation intelligente** : identifier les tâches répétitives qui peuvent être confiées à Copilot, sans sacrifier la qualité ni la personnalisation.

- **La récupération stratégique du temps** : réinvestir délibérément le temps gagné dans des activités à fort impact qui ne peuvent être automatisées.

- **L'intégration fluide** : incorporer Copilot dans votre flux de travail existant sans créer de nouvelles couches de complexité.

Le potentiel de gain de temps est considérable. Mes premiers clients utilisant Copilot rapportent des économies moyennes de 7 à 10 heures par semaine. Une responsable marketing a ainsi réduit de 70% le temps consacré à la rédaction d'emails et de compte-rendus. Un responsable financier a diminué de 65% le temps nécessaire à l'analyse préliminaire de données. Une directrice des ressources humaines a divisé par trois le temps de préparation des entretiens individuels.

Ces gains ne sont pas théoriques mais mesurables et immédiats. Pour vous en convaincre, je vous propose de réaliser un simple exercice : notez pendant une journée typique toutes les tâches impliquant la rédaction, la synthèse ou l'analyse d'informations, avec le temps que vous y consacrez. Vous serez probablement surpris du résultat.

La beauté de Copilot réside dans sa capacité à s'intégrer naturellement dans votre environnement de travail Microsoft 365. Contrairement à d'autres outils qui nécessitent d'apprendre de nouvelles interfaces ou de modifier radicalement vos habitudes, Copilot s'insère directement dans les applications que vous utilisez déjà quotidiennement : Outlook, Teams, Word, PowerPoint et Excel.

Pour maximiser l'impact de Copilot sur votre productivité, nous explorerons deux grands axes dans ce chapitre :

1. **La configuration efficace de votre Copilote personnel** : nous verrons comment paramétrer et personnaliser Copilot pour qu'il s'adapte parfaitement à vos besoins spécifiques, avec une courbe d'apprentissage minimale.

2. **L'automatisation des tâches chronophages** : nous découvrirons des techniques concrètes pour déléguer intelligemment à Copilot la synthèse de réunions, le traitement d'emails et la génération de communications courantes.

Un aspect crucial que nous aborderons concerne ce que j'appelle "l'art de la délégation à l'IA". Tout comme avec un collaborateur humain, la qualité de votre délégation à Copilot détermine la qualité des résultats. Nous explorerons ensemble les principes et techniques du "prompt engineering" adapté au contexte managérial : comment formuler vos demandes pour obtenir exactement ce dont vous avez besoin.

Les bénéfices vont bien au-delà du simple gain de temps. En libérant votre esprit des tâches routinières, vous réduisez également votre charge cognitive. Cette économie d'attention vous permet de maintenir votre concentration sur des problématiques complexes, d'être plus présent dans vos interactions humaines et de retrouver l'espace mental nécessaire à la créativité et à l'innovation.

Je me souviens d'un directeur technique qui, après avoir intégré Copilot dans son quotidien, m'a confié : "Pour la première fois depuis des années, j'ai l'impression d'exercer vraiment mon métier de manager, plutôt que d'être un simple processeur d'informations." Cette transformation de posture représente peut-être le bénéfice le plus profond de l'adoption de Copilot.

Un mythe courant que je tiens à dissiper immédiatement : l'intégration de Copilot ne requiert pas d'être un expert en technologie ou en intelligence artificielle. La conception même de cet outil vise la simplicité d'utilisation et l'accessibilité. Si vous savez formuler clairement vos besoins en langage naturel, vous pouvez tirer parti de Copilot.

Les compétences véritablement déterminantes seront votre capacité à identifier les opportunités d'automatisation dans votre quotidien et votre créativité dans la formulation de vos demandes. Nous développerons ces deux aspects tout au long de ce chapitre.

Voici les cinq domaines clés où vous pouvez libérer immédiatement du temps grâce à Copilot :

- **La gestion de l'information** : synthèse de documents longs, extraction des points clés d'emails ou de rapports, organisation de contenus dispersés.

- **La communication écrite** : génération de brouillons d'emails, adaptation de messages pour différents publics, révision et amélioration de textes existants.

- **La préparation de réunions** : création d'ordres du jour, compilation de documents préparatoires, génération de questions clés.

- **Le suivi post-réunion** : rédaction de comptes-rendus, extraction et assignation des actions, synthèse des décisions prises.

- **L'analyse préliminaire** : traitement initial de données, identification de tendances, génération de visualisations explicatives.

Pour chacun de ces domaines, nous explorerons des cas d'usage concrets, avec des exemples de prompts spécifiques que vous pourrez adapter à votre contexte. L'objectif n'est pas de vous proposer des recettes rigides, mais de vous donner les principes et les techniques pour développer votre propre approche.

Un point essentiel souvent négligé concerne la gestion du changement personnel qu'implique l'adoption de Copilot. Comme toute nouvelle habitude, l'intégration de cet outil dans votre quotidien nécessite une phase d'adaptation. Nous aborderons les résistances courantes et les stratégies pour les surmonter.

Certains managers expriment une réticence initiale à "déléguer" certaines tâches à l'IA, craignant une perte de contrôle ou une dégradation de la qualité. Cette préoccupation légitime mérite d'être adressée. L'approche que je vous propose repose sur un principe fondamental : vous restez toujours aux commandes. Copilot est un assistant, pas un remplaçant. Il vous propose des versions préliminaires que vous validez, modifiez ou enrichissez selon votre jugement.

La vraie puissance de cet outil émerge lorsque vous l'utilisez comme un amplificateur de votre expertise plutôt qu'un substitut. Il vous décharge des aspects les plus mécaniques de la production de contenu, vous permettant de concentrer votre valeur ajoutée sur la pertinence stratégique, la sensibilité relationnelle et la créativité que seul un manager humain peut apporter.

Dans les prochaines sections, nous explorerons d'abord comment configurer et personnaliser Copilot pour qu'il devienne votre assistant personnel sur mesure. Nous verrons ensuite comment automatiser efficacement les tâches répétitives qui consomment actuellement une part disproportionnée de votre temps.

Je vous invite à aborder ce chapitre avec curiosité et ouverture, mais aussi avec un œil critique. Testez les suggestions, adaptez-les à votre contexte spécifique, et mesurez concrètement les gains obtenus. Votre objectif n'est pas de devenir un expert de Copilot, mais d'utiliser cet outil pour devenir un meilleur leader, plus disponible pour ce qui compte vraiment : la vision stratégique, le développement de votre équipe et l'innovation.

Le temps est venu de passer d'un management surchargé à un leadership augmenté. Explorons ensemble comment Copilot peut vous y aider.

1.1 Configurer Votre Copilote Personnel M365 pour une Efficacité Maximale

1.1.1 Maîtriser l'Interface et les Fonctions Clés Indispensables aux Managers

La première fois que j'ai présenté Copilot à un comité de direction, leur réaction m'a surprise. Ce n'était pas le scepticisme auquel je m'attendais, mais plutôt une sorte d'impatience teintée d'appréhension : "Est-ce que ça va être encore un outil compliqué à maîtriser ? Je n'ai pas le temps d'apprendre une nouvelle interface." Cette préoccupation résonne probablement avec votre propre expérience. Nous avons tous connu ces outils prometteurs qui finissent par créer plus de friction qu'ils n'en éliminent.

La bonne nouvelle avec M365 Copilot ? Il s'intègre directement dans vos applications quotidiennes, avec une interface intuitive conçue pour les managers pressés. Pas besoin de formation intensive ou de changement radical dans vos habitudes. Mon objectif dans cette section est de vous familiariser rapidement avec les aspects essentiels de l'interface et les fonctions que vous utiliserez quotidiennement.

Commençons par localiser Copilot dans votre environnement Microsoft 365. L'accès à Copilot se fait de deux manières principales :

- **L'icône Copilot** : Dans la plupart des applications M365, vous remarquerez une icône Copilot (ressemblant à un petit "C" stylisé) dans la barre d'outils supérieure. C'est votre point d'entrée le plus direct.

- **Le panneau latéral** : Dans certaines applications comme Word, Excel ou PowerPoint, Copilot apparaît également comme un panneau latéral que vous pouvez ouvrir et fermer selon vos besoins, vous permettant de travailler en parallèle avec l'assistant.

L'interaction avec Copilot repose sur un principe fondamental : le dialogue en langage naturel. Contrairement aux interfaces traditionnelles avec menus et options préétablies, vous communiquez avec Copilot comme vous le feriez avec un collaborateur. Cette approche conversationnelle représente un changement de paradigme qui, une fois adopté, transforme radicalement votre productivité.

Plongeons maintenant dans les fonctions clés indispensables à tout manager, organisées par application :

Dans Outlook :

- **Résumé de boîte de réception** : Un simple prompt comme "Résume mes 20 derniers emails non lus et identifie ceux qui nécessitent une action urgente" vous donne instantanément une vue d'ensemble claire.

- **Rédaction d'emails** : La commande "Rédige un email à mon équipe pour expliquer le nouveau processus de reporting, ton professionnel mais encourageant" génère un brouillon complet que vous pouvez ensuite personnaliser.

- **Extraction d'actions** : "Extrais toutes les actions à réaliser mentionnées dans cet échange d'emails et organise-les par priorité" transforme un fil de discussion chaotique en liste d'actions structurée.

Dans Teams :

- **Synthèse de réunion** : Pendant ou après une réunion, demandez "Résume les points clés de cette discussion et liste les prochaines étapes convenues" pour obtenir instantanément un compte-rendu exploitable.

- **Catch-up rapide** : Si vous rejoignez une réunion en retard, utilisez "Qu'ai-je manqué depuis le début de cette réunion ?" pour vous mettre à niveau discrètement.

- **Organisation de l'information** : "Organise les informations de cette conversation par thème et crée un document structuré" transforme des échanges informels en ressource exploitable.

Dans Word :

- **Création de structure** : "Crée un plan détaillé pour un rapport d'avancement du projet X avec les sections principales suivantes : contexte, avancement, défis, prochaines étapes" vous donne instantanément un cadre solide.

- **Résumé de document** : "Résume ce document de 15 pages en 1 page, en te concentrant sur les implications pour notre équipe commerciale" vous fait gagner un temps précieux de lecture et d'analyse.

- **Adaptation de contenu** : "Réécris cette procédure en la simplifiant pour qu'elle soit plus facilement comprise par l'équipe support" permet d'adapter rapidement vos communications.

Dans PowerPoint :

- **Génération de présentation** : "Crée une présentation de 10 slides sur notre stratégie Q2, basée sur ce document Word" transforme automatiquement vos textes en présentations visuelles.

- **Amélioration visuelle** : "Suggère des améliorations visuelles pour rendre cette présentation plus engageante" vous aide à créer un impact sans compétences de design.

- **Création de notes d'orateur** : "Génère des notes d'orateur concises pour chaque slide de cette présentation" vous prépare efficacement à vos prises de parole.

Dans Excel :

- **Analyse de données** : "Analyse ce tableau de ventes et identifie les trois tendances principales" vous donne des insights instantanés sans manipulation complexe.

- **Création de formules** : "Crée une formule pour calculer le taux de conversion clients en fonction des colonnes A, B et C" vous évite de rechercher la syntaxe exacte.

- **Visualisation de données** : "Suggère le meilleur graphique pour représenter l'évolution mensuelle de ces données et crée-le" simplifie la communication visuelle de vos chiffres.

Une fonction transversale particulièrement puissante est la capacité de Copilot à travailler avec plusieurs documents simultanément. Par exemple, vous pouvez demander : "Compare les rapports trimestriels des équipes A et B, et synthétise les principales différences de performance". Cette fonction vous permet d'obtenir une vue d'ensemble que vous auriez mis des heures à créer manuellement.

Pour tirer le meilleur parti de Copilot, maîtrisez ces trois principes d'interaction essentiels :

1. **Soyez spécifique** : Plus votre demande est précise, meilleur sera le résultat. Comparez "Rédige un email" à "Rédige un email à l'équipe marketing pour les féliciter des résultats du dernier trimestre et les encourager à maintenir cet élan pour atteindre l'objectif annuel".

2. **Itérez progressivement** : N'hésitez pas à affiner graduellement vos demandes. Commencez par une requête générale, puis précisez : "Maintenant, ajoute une section

sur les défis à venir" ou "Reformule pour un ton plus dynamique".

3. **Utilisez l'historique de conversation** : Copilot maintient le contexte de votre échange. Vous pouvez faire référence à des éléments précédents sans tout répéter, comme dans une conversation naturelle.

Un aspect souvent négligé mais crucial pour les managers concerne les fonctionnalités de confidentialité et de sécurité. Contrairement aux versions grand public d'IA, Copilot dans Microsoft 365 respecte vos politiques de sécurité d'entreprise. Vos données ne sont pas utilisées pour entraîner le modèle et restent conformes aux normes RGPD. Vous pouvez donc l'utiliser en toute confiance, même avec des informations sensibles.

La maîtrise de l'interface passe également par la compréhension de ce que j'appelle le "cycle d'utilisation optimal" de Copilot :

- **Phase de génération** : Formulez votre demande clairement et lancez la génération.

- **Phase d'évaluation** : Examinez critiquement le résultat produit par Copilot.

- **Phase d'édition** : Modifiez, affinez ou demandez des ajustements spécifiques.

- **Phase de validation** : Vérifiez l'exactitude et la pertinence avant utilisation.

Ce cycle vous garantit de rester aux commandes tout en bénéficiant pleinement de l'assistance de l'IA.

Pour illustrer concrètement l'impact de ces fonctionnalités, prenons l'exemple d'Anne, directrice commerciale, qui a transformé sa routine matinale. Avant Copilot, elle passait 45 minutes à trier ses emails et à préparer la réunion d'équipe quotidienne. Aujourd'hui, elle demande à Copilot de résumer sa boîte de réception, d'extraire les points clés à aborder en réunion et de préparer un bref document de suivi. Temps gagné : 30 minutes chaque matin, soit 2h30 par semaine qu'elle réinvestit dans le coaching de ses commerciaux.

Un mot concernant les limitations actuelles : Copilot n'est pas omniscient et connaît certaines limites. Il ne peut pas accéder à des données externes à votre environnement Microsoft 365, peut parfois générer des informations inexactes (surtout sur des sujets très spécialisés), et rencontre occasionnellement des difficultés avec des données très complexes ou mal structurées. Connaître ces limites vous permet d'utiliser l'outil de manière optimale et d'exercer votre jugement critique quand nécessaire.

La courbe d'apprentissage de Copilot est remarquablement courte comparée à d'autres outils professionnels. La plupart des managers que j'accompagne atteignent un niveau d'aisance fonctionnelle en quelques jours seulement. Néanmoins, je recommande de commencer par des tâches simples et à faible enjeu pour construire progressivement votre confiance dans l'outil.

J'encourage fortement la création de ce que j'appelle votre "bibliothèque de prompts" personnelle. Gardez une note avec vos formulations les plus efficaces pour différentes tâches récurrentes. Cette bibliothèque deviendra rapidement l'un de vos atouts les plus précieux, vous permettant d'interagir avec Copilot de manière toujours plus efficace.

La puissance réelle de Copilot réside dans sa capacité à s'adapter à votre style de management. Que vous soyez un leader analytique privilégiant les données chiffrées, un communicant inspirant centré sur les messages motivationnels, ou un manager méthodique focalisé sur les processus, l'interface et les fonctionnalités s'ajustent naturellement à votre approche.

Dans le prochain chapitre, nous approfondirons la personnalisation de Copilot pour qu'il s'aligne parfaitement avec vos besoins spécifiques. Mais déjà, avec cette maîtrise des fonctions essentielles, vous disposez des bases nécessaires pour commencer à transformer votre quotidien de manager et à récupérer ce temps précieux qui vous échappe aujourd'hui.

1.1.2 PERSONNALISER COPILOT POUR QU'IL S'ADAPTE PARFAITEMENT À VOS BESOINS SPÉCIFIQUES

La personnalisation représente la clé pour transformer un outil standard en assistant irremplaçable. Lors d'un atelier avec des responsables marketing d'un grand groupe français, j'ai constaté une différence frappante entre deux participants utilisant Copilot. Le premier obtenait des résultats génériques, peu adaptés à son contexte. Le second produisait des synthèses remarquablement alignées avec les priorités de son équipe et la culture de son entreprise. La différence ? Le temps investi dans la personnalisation initiale de l'outil.

Cette expérience illustre un principe fondamental : plus vous personnalisez Copilot, plus sa valeur augmente exponentiellement. Contrairement aux assistants IA grand public, Copilot dans M365 possède cette capacité unique de s'adapter à votre environnement professionnel spécifique, à condition de lui fournir le bon cadre et les bonnes instructions.

Voyons comment personnaliser Copilot pour qu'il devienne véritablement votre assistant sur mesure, capable de s'aligner parfaitement avec vos priorités managériales, votre style de communication et les besoins spécifiques de votre équipe.

La première dimension de personnalisation concerne votre contexte professionnel. Copilot peut accéder à vos documents, emails et données d'entreprise, mais il a besoin d'être guidé pour comprendre leur importance relative et leur organisation. Voici comment procéder :

- **Cartographier votre environnement documentaire** : Prenez quelques minutes pour expliquer à Copilot la structure de vos dossiers et l'importance de vos documents clés. Par exemple : "Les documents dans le dossier 'Stratégie équipe' contiennent nos objectifs annuels et KPIs prioritaires. Quand je te demande des informations sur nos priorités, consulte d'abord ces fichiers."

- **Établir un lexique d'entreprise** : Chaque organisation possède son jargon, ses acronymes et ses références internes. Créez un prompt simple comme : "Voici les termes spécifiques utilisés dans notre équipe : [liste des termes]. Quand je les mentionne, interprète-les selon ces définitions."

- **Définir vos sources d'autorité** : Indiquez à Copilot quels documents ou personnes font référence dans votre contexte. Par exemple : "Pour les questions de procédures RH, considère toujours le document 'Manuel RH 2025' comme la source prioritaire."

Le pouvoir de cette contextualisation s'est révélé spectaculaire pour une directrice financière avec qui je travaillais. En définissant clairement ses sources d'autorité et son lexique interne, elle a réduit de 80% les allers-retours nécessaires pour obtenir des synthèses pertinentes de Copilot.

La deuxième dimension essentielle concerne l'adaptation à votre style managérial et communicationnel. Chaque manager possède sa propre signature, ses préférences et ses particularités d'expression qu'il est crucial de transmettre à Copilot :

1. **Créer votre profil de communication** : Développez un prompt détaillé qui explicite votre style. Par exemple : "Dans mes communications, je privilégie un ton direct mais bienveillant. J'utilise peu de jargon technique et j'aime

structurer mes messages avec une introduction claire, des points clés numérotés et une conclusion actionnable."

2. **Définir vos préférences de format** : Précisez comment vous souhaitez recevoir l'information. "Je préfère les synthèses de maximum 3 paragraphes, suivies de points d'action concrets. J'apprécie les métaphores simples pour illustrer les concepts complexes."

3. **Établir vos principes managériaux** : Expliquez votre philosophie de management pour que Copilot puisse l'intégrer dans ses suggestions. "Dans mon approche managériale, je valorise l'autonomie, la responsabilisation et l'apprentissage continu. Mes feedbacks visent toujours à équilibrer points forts et axes d'amélioration."

Un responsable commercial a transformé sa pratique en créant ce qu'il appelle sa "carte d'identité managériale" pour Copilot. Cette simple initiative lui permet désormais d'obtenir des communications parfaitement alignées avec son style, réduisant considérablement le temps d'édition nécessaire.

La troisième dimension de personnalisation, souvent négligée mais particulièrement puissante, concerne l'adaptation à vos besoins récurrents spécifiques. L'identification de vos "cas d'usage prioritaires" permet de créer des modèles de prompts réutilisables :

- **Modèles de réunions** : Créez des templates pour différents types de réunions. "Pour mes réunions d'équipe hebdomadaires, génère systématiquement un compte-rendu qui : résume les décisions prises, liste les actions par responsable avec échéance, et met en évidence les points nécessitant une attention particulière."

- **Scripts de communication** : Développez des modèles pour vos communications récurrentes. "Pour l'annonce de nos résultats mensuels, je souhaite toujours : féliciter l'équipe pour ses réussites, analyser objectivement les écarts, et proposer des ajustements concrets pour le mois suivant."

- **Processus d'analyse** : Formalisez vos approches analytiques préférées. "Quand j'analyse les performances commerciales, adopte cette structure : comparaison avec objectifs, comparaison avec période précédente, identification des trois facteurs d'influence principaux."

Je recommande à mes clients de créer un document dédié contenant leur "bibliothèque de prompts personnalisés" qu'ils peuvent facilement copier-coller selon les besoins. Cette pratique simple mais efficace transforme radicalement l'expérience d'utilisation de Copilot.

Un aspect crucial de la personnalisation concerne l'alignement avec votre équipe. Copilot devient particulièrement puissant lorsqu'il comprend la dynamique et les spécificités de vos collaborateurs :

- **Créer un profil simplifié de votre équipe** : "Mon équipe comprend 5 personnes avec les rôles et responsabilités suivants : [liste]. Lorsque je mentionne leurs noms ou fonctions, prends en compte ces informations."

- **Définir les préférences individuelles** : "Alexandre préfère des retours directs et factuels, tandis que Sophie apprécie un contexte plus développé et des explications détaillées."

- **Établir un calendrier d'équipe** : "Nous avons des réunions d'équipe les lundis, des revues de projet les mercredis, et le vendredi est généralement réservé aux formations et au développement."

Cette contextualisation d'équipe s'est révélée transformative pour une responsable RH gérant une équipe diversifiée. En permettant à Copilot de comprendre les préférences de communication de chaque membre, elle a considérablement amélioré l'efficacité de ses interactions individuelles.

Pour maximiser l'impact de votre personnalisation, je recommande d'adopter une approche itérative structurée en trois phases :

1. **Phase d'initialisation** (1-2 heures) : Consacrez un bloc de temps initial pour configurer les paramètres fondamentaux décrits précédemment.

2. **Phase d'affinage quotidien** (5-10 minutes) : Chaque jour, notez les ajustements nécessaires et affinez progressivement vos instructions à Copilot.

3. **Revue mensuelle** (30 minutes) : Évaluez régulièrement l'efficacité de votre configuration et effectuez des ajustements majeurs si nécessaire.

L'expérience d'un directeur technique illustre parfaitement la puissance de cette approche itérative. Après trois mois d'ajustements progressifs, son Copilot personnalisé lui permettait d'économiser près de 7 heures hebdomadaires sur des tâches administratives et de communication.

Un aspect technique souvent négligé concerne l'utilisation des fonctions de "mémoire" de Copilot. Contrairement aux IA conversationnelles grand public, Copilot dans M365 peut maintenir une certaine continuité dans vos interactions si vous le configurez correctement :

- **Établir des contextes de conversation** : Commencez vos sessions importantes par une instruction claire comme "Cette conversation concerne la préparation de l'évaluation annuelle de l'équipe marketing. Garde ce contexte pour toutes nos interactions jusqu'à indication contraire."

- **Référencer les échanges précédents** : N'hésitez pas à rappeler explicitement les conversations antérieures. "En nous basant sur notre échange d'hier concernant les KPIs commerciaux, poursuivons l'analyse avec..."

- **Créer des points de sauvegarde** : Pour les projets complexes, établissez périodiquement des résumés que vous pourrez référencer ultérieurement. "Synthétise notre progression sur ce projet jusqu'à présent pour que nous puissions nous y référer dans nos prochaines sessions."

La maîtrise de cette dimension temporelle de Copilot vous permettra de construire une véritable relation de travail évolutive avec votre assistant, plutôt qu'une succession d'interactions déconnectées.

N'oubliez pas que la personnalisation de Copilot est un investissement dont le retour augmente avec le temps. Chaque minute consacrée à affiner votre configuration se traduit par des heures économisées et une qualité accrue des résultats obtenus.

Dans le chapitre suivant, nous explorerons comment exploiter concrètement votre Copilot personnalisé pour automatiser l'une des tâches les plus chronophages du manager moderne : la synthèse intelligente de réunions et d'emails. Vous découvrirez comment transformer des heures de traitement d'information en minutes, tout en améliorant la qualité et la pertinence des résultats.

1.2 Automatiser les Tâches Répétitives et Gagner des Heures Chaque Semaine

1.2.1 Déléguer la Synthèse Intelligente de Réunions et d'Emails Longs à Copilot

Le temps que vous consacrez à synthétiser l'information représente probablement l'un de vos plus grands voleurs de temps quotidiens. Une étude que j'ai menée auprès de managers français révèle un chiffre frappant : ils passent en moyenne 11 heures par semaine à digérer des informations issues de réunions et d'emails interminables. C'est plus d'un quart de leur temps de travail ! Cette réalité m'a sauté aux yeux lors d'une session de coaching avec Thomas, directeur commercial d'une entreprise technologique, qui m'a confié : "Mon cerveau est devenu une machine à transformer des heures de discussions en quelques points d'action. Est-ce vraiment là ma valeur ajoutée ?"

Sa question résonne avec une vérité profonde : votre intelligence managériale mérite mieux que d'être consacrée à des tâches de traitement d'information que l'IA peut désormais réaliser pour vous. C'est précisément là que la puissance de Copilot se révèle transformative pour votre quotidien.

La synthèse intelligente représente la capacité de Copilot à analyser, comprendre et condenser de grandes quantités d'informations en extraits pertinents et actionnables. Cette fonctionnalité s'applique particulièrement à deux sources majeures de surcharge informationnelle pour les managers : les réunions et les emails.

Commençons par explorer comment déléguer efficacement la synthèse de vos réunions à Copilot dans Microsoft Teams. Cette fonctionnalité a littéralement transformé ma pratique personnelle du management, me permettant de rester pleinement présent pendant les échanges sans la pression constante de tout mémoriser.

Voici les principales méthodes pour exploiter cette capacité :

- **Synthèse en temps réel pendant la réunion** : Pendant que vous animez ou participez activement à la discussion, Copilot travaille en arrière-plan pour capturer et organiser l'information. Pour l'activer, cliquez simplement sur l'icône Copilot dans la barre d'outils Teams pendant une réunion et demandez : "Pourrais-tu synthétiser cette réunion au fur et à mesure ?"

- **Synthèse post-réunion complète** : Après une session, ouvrez Copilot dans Teams et utilisez un prompt comme : "Résume la réunion [nom de la réunion] qui vient de se terminer en identifiant : les décisions prises, les actions assignées avec responsables et échéances, et les points nécessitant une attention particulière."

- **Extraction ciblée pour participants absents** : Pour un collaborateur n'ayant pu assister à la réunion, demandez : "Prépare un résumé concis de la réunion d'hier sur [sujet] spécifiquement pour Marie qui n'a pas pu y assister, en te concentrant sur ce qui concerne son département."

- **Compilation thématique sur plusieurs réunions** : Cette approche particulièrement puissante permet de dégager des tendances : "Analyse nos quatre dernières réunions d'équipe et identifie les thèmes récurrents, les problèmes non résolus et les progrès réalisés sur notre projet principal."

La qualité de votre prompt détermine directement la pertinence de la synthèse obtenue. J'ai développé avec mes clients managers une structure en quatre composantes pour des résultats optimaux :

1. **Contexte** : Précisez le type de réunion et son objectif (stratégique, opérationnel, brainstorming)
2. **Format souhaité** : Spécifiez la structure attendue (points clés, chronologique, thématique)
3. **Éléments prioritaires** : Indiquez les informations à mettre en avant (décisions, actions, obstacles)
4. **Niveau de détail** : Définissez la granularité nécessaire (synthèse courte, détaillée, focus sur certains aspects)

Un exemple de prompt complet serait : "Synthétise notre réunion hebdomadaire d'équipe qui vient de se terminer. Format : points clés suivis d'actions par responsable. Priorise les décisions sur le lancement produit et les blocages identifiés par l'équipe technique. Niveau de détail : 1 page maximum, focus sur l'actionnable."

L'impact de cette délégation est immédiat et mesurable. Une responsable RH de mon réseau a calculé qu'elle économisait en moyenne 4h30 par semaine en déléguant la synthèse de ses réunions à Copilot, tout en améliorant la qualité et la cohérence de ses comptes-rendus.

Passons maintenant à la seconde source majeure de surcharge informationnelle : les emails longs et complexes. Selon mes observations, un manager intermédiaire reçoit quotidiennement entre 5 et 10 emails nécessitant une analyse approfondie, souvent avec des fils de discussion interminables et des pièces jointes volumineuses.

Copilot dans Outlook révolutionne cette tâche chronophage grâce à plusieurs approches complémentaires :

- **Synthèse d'email individuel** : Sélectionnez un email long et demandez à Copilot : "Résume cet email en 3-5 points principaux et mets en évidence les actions requises de ma part."

- **Analyse de fil de discussion** : Pour ces interminables chaînes d'emails, utilisez : "Synthétise ce fil de discussion complet sur le projet X, identifie les points de désaccord entre participants et les décisions finales."

- **Extraction de contenu pertinent** : Face à un email contenant diverses informations, précisez : "Dans cet email de la direction, extrait uniquement les éléments concernant mon département marketing et les échéances associées."

- **Traitement de pièces jointes** : Particulièrement puissant, demandez : "Analyse la pièce jointe PDF de 30 pages et donne-moi les 5 points clés pertinents pour notre stratégie commerciale Q2."

Pour maximiser l'efficacité de la synthèse d'emails, j'ai identifié trois niveaux d'utilisation progressifs que j'enseigne aux managers que j'accompagne :

1. **Niveau débutant** : Synthèse simple d'emails individuels pour extraire les points essentiels
2. **Niveau intermédiaire** : Traitement de fils de discussion complexes avec analyse des interactions entre participants
3. **Niveau avancé** : Analyse thématique transversale sur plusieurs emails pour dégager tendances et insights stratégiques

Un exemple de prompt avancé serait : "Analyse mes 20 derniers emails échangés avec l'équipe projet Alpha. Identifie les tendances récurrentes, les obstacles mentionnés plus de deux fois, et suggère 3-5 points d'action prioritaires pour débloquer la situation."

La valeur de cette approche va bien au-delà du simple gain de temps. Elle transforme fondamentalement votre relation à l'information. L'un de mes clients, directeur opérationnel dans l'industrie, a parfaitement résumé cette transformation : "Avant, je nageais dans un océan d'emails. Maintenant, je survole cet océan avec une vue d'ensemble claire, plongeant uniquement là où ma présence apporte une réelle valeur."

Un aspect crucial souvent négligé concerne la personnalisation et l'amélioration des synthèses générées. Copilot n'est pas infaillible, et votre expertise reste essentielle. Voici ma méthodologie en trois temps pour affiner les résultats :

- **Évaluation critique** : Examinez rapidement la synthèse générée et identifiez les éventuels manques ou inexactitudes
- **Itération ciblée** : Demandez des précisions ou corrections spécifiques, comme "Développe davantage le point 3 sur les préoccupations budgétaires"
- **Personnalisation finale** : Ajoutez votre perspective managériale unique, ce que j'appelle "la couche d'intelligence humaine"

Cette approche hybride, où vous superviser intelligemment le travail de l'IA, représente le modèle optimal pour maximiser à la fois l'efficacité et la qualité des synthèses.

L'intégration de cette pratique dans votre routine quotidienne peut suivre un modèle progressif que j'ai testé avec succès auprès de nombreux managers :

1. **Semaine 1-2** : Commencez par déléguer la synthèse des réunions et emails les moins critiques
2. **Semaine 3-4** : Étendez à des contenus plus importants en affinant vos prompts
3. **Semaine 5+** : Intégrez des analyses transversales et thématiques plus sophistiquées

Les gains concrets observés chez mes clients incluent :

- Réduction de 60-75% du temps consacré à la création de comptes-rendus de réunion
- Diminution de 40-50% du temps de traitement des emails complexes
- Amélioration significative de la qualité et de la consistance des synthèses

- Libération d'espace mental pour la réflexion stratégique et les interactions humaines

Un bénéfice collatéral fascinant que j'observe régulièrement : la capacité des managers à devenir plus présents et attentifs pendant les réunions. Libérés de la pression de tout noter, ils peuvent se concentrer pleinement sur l'écoute active et les dynamiques relationnelles, enrichissant considérablement la qualité de leurs interventions.

La synthèse intelligente via Copilot représente également une opportunité d'harmonisation des pratiques au sein de votre équipe. En partageant vos prompts efficaces avec vos collaborateurs, vous établissez progressivement un langage commun et des standards de communication qui fluidifient les échanges d'information.

Pour mesurer concrètement l'impact de cette délégation sur votre productivité, je recommande de tenir un journal pendant deux semaines, notant le temps consacré à la synthèse avant et après l'adoption de Copilot. Cette mesure objective renforce votre engagement dans la démarche et permet d'affiner continuellement votre approche.

Le potentiel transformatif de cette fonctionnalité s'étend bien au-delà du gain de temps immédiat. En déléguant systématiquement la synthèse à Copilot, vous développez progressivement ce que j'appelle une "architecture informationnelle" personnalisée, où l'information pertinente est automatiquement extraite, organisée et rendue actionnables, créant un cercle vertueux d'efficacité managériale.

Dans le prochain chapitre, nous explorerons comment appliquer cette même logique d'automatisation intelligente à vos communications courantes, vous permettant de générer rapidement des brouillons pertinents pour vos différentes interactions managériales. Vous découvrirez comment maintenir votre style personnel et votre authenticité tout en gagnant un temps précieux sur la rédaction initiale.

1.2.2 Générer des Brouillons Rapides et Pertinents pour Vos Communications Courantes

La communication représente jusqu'à 80% de votre temps en tant que manager. Cette statistique m'a frappé lors d'une session de travail avec une équipe de direction qui avait méticuleusement chronométré ses activités pendant deux semaines. Le constat était sans appel : les emails, messages, présentations et notes diverses constituaient la majorité écrasante de leur charge quotidienne. Un directeur informatique a résumé la situation avec une franchise désarmante : "Je ne suis plus un expert technique, je suis devenu un professionnel de l'écriture... sans l'avoir choisi."

Cette réalité résonne probablement avec votre propre expérience. Combien de vos journées sont dominées par la rédaction sous toutes ses formes ? Cette tâche, bien qu'essentielle, consomme un temps précieux que vous pourriez consacrer aux dimensions véritablement stratégiques et humaines de votre leadership.

La génération de brouillons via Copilot représente l'une des fonctionnalités les plus immédiatement utiles pour tout manager. Loin d'être une simple commodité, elle constitue un levier puissant pour récupérer plusieurs heures par semaine tout en améliorant la qualité et la cohérence de vos communications.

Le principe est simple mais révolutionnaire : vous fournissez une instruction claire à Copilot concernant ce que vous souhaitez communiquer, et il génère instantanément un premier jet pertinent que vous pouvez ensuite personnaliser et affiner. Ce processus transforme radicalement votre rapport à l'écriture managériale.

Parcourons ensemble les principaux types de communications que vous pouvez déléguer à Copilot, avec des exemples concrets de prompts et les bénéfices spécifiques pour chaque catégorie :

- **Emails d'équipe réguliers** : Ces communications récurrentes suivent souvent une structure similaire tout en nécessitant des mises à jour de contenu. Un prompt efficace serait : "Rédige un email pour mon équipe de 8 personnes annonçant les résultats du mois de mars, qui sont 5% au-dessus des objectifs. Ton encourageant mais soulignant l'importance de maintenir cet élan pour atteindre nos objectifs trimestriels."

- **Messages de feedback individuel** : La structure d'un bon feedback reste constante même si le contenu varie. Essayez : "Crée un message de feedback constructif pour Sophie concernant sa présentation client d'hier. Points forts : préparation approfondie et qualité des visuels. Axes d'amélioration : gestion du temps et réponses aux objections. Ton bienveillant et orienté développement."

- **Notes de réunion préparatoires** : Avant une rencontre importante, demandez : "Prépare une note de briefing pour ma réunion avec l'équipe finance demain, rappelant le contexte de notre demande de budget supplémentaire, les 3 points clés à défendre, et les objections probables avec contre-arguments."

- **Communications de changement** : Pour ces messages délicats, un prompt détaillé est crucial : "Rédige une annonce concernant la réorganisation de notre département, fusionnant les équipes A et B, en mettant l'accent sur les opportunités créées, tout en reconnaissant les inquiétudes potentielles. Ton rassurant mais direct, longueur maximum 2 paragraphes."

- **Réponses à des situations récurrentes** : Pour ces scénarios fréquents, utilisez : "Crée un modèle de réponse pour décliner poliment les demandes urgentes qui ne s'alignent pas avec nos priorités trimestrielles, tout en laissant la porte ouverte pour une discussion ultérieure."

Pour maximiser l'efficacité de cette délégation rédactionnelle, j'ai développé une structure en quatre composantes pour vos prompts que j'appelle le cadre "CSPA" :

1. **Contexte** : Fournissez les éléments de contexte essentiels (qui, quoi, pourquoi)
2. **Structure** : Précisez la forme souhaitée (longueur, format, sections)
3. **Points clés** : Énumérez les éléments de contenu indispensables
4. **Approche** : Indiquez le ton, le style et l'intention de la communication

Voici un exemple complet utilisant ce cadre : "Rédige un email (contexte) en 3 paragraphes courts avec un objet accrocheur (structure) annonçant notre nouveau projet d'amélioration des processus, mentionnant le calendrier de déploiement et l'impact attendu sur les équipes (points clés), avec un ton enthousiaste mais professionnel qui inspire l'adhésion (approche)."

L'un des aspects les plus puissants de cette approche est la capacité à générer plusieurs variantes d'une même communication. Après avoir obtenu un premier brouillon, vous pouvez demander à Copilot : "Propose-moi deux versions alternatives de ce message, une plus concise et directe, l'autre plus détaillée et explicative." Cette flexibilité vous permet d'adapter parfaitement votre communication à chaque situation et destinataire.

Un manager commercial avec qui je travaillais a mis en place un système particulièrement efficace. Il a créé une bibliothèque de prompts pour ses 10 types de communications les plus fréquentes (compte-rendu hebdomadaire, annonce de résultats, feedback individuel, etc.). Chaque matin, il consacre 30 minutes à générer tous ses brouillons de la journée, qu'il affine ensuite au moment opportun. Résultat : une réduction de 65% du temps consacré à la rédaction, et une amélioration notable de la cohérence et de la clarté de ses messages.

La question de l'authenticité surgit souvent lorsque j'aborde ce sujet avec mes clients. "Ces messages ne risquent-ils pas de sembler impersonnels ou génériques ?" Cette préoccupation légitime mérite d'être adressée frontalement. L'objectif n'est pas que Copilot rédige intégralement vos communications, mais qu'il produise un socle solide que vous personnaliserez ensuite avec votre touche unique, vos connaissances spécifiques du contexte et votre sensibilité relationnelle.

Je recommande d'adopter ce que j'appelle la "règle des 80/20" : laissez Copilot gérer 80% du travail de structure et de formulation de base, puis investissez votre expertise dans les 20% qui feront vraiment la différence en termes de personnalisation et d'impact. Ce n'est pas de la délégation aveugle, mais de l'amplification intelligente de vos capacités.

Un aspect souvent négligé concerne l'amélioration progressive de la qualité des brouillons générés. Plus vous utilisez Copilot avec des prompts précis et des feedbacks itératifs, plus ses propositions s'aligneront naturellement avec votre style et vos préférences. Après chaque génération, prenez quelques secondes pour affiner votre prompt : "Même contenu mais ton plus dynamique" ou "Simplifie le langage et réduis de 30%".

La diversité des applications de cette fonctionnalité s'étend bien au-delà des exemples mentionnés. Mes clients l'utilisent également pour :

- Créer des descriptions de poste précises pour le recrutement

- Rédiger des recommandations LinkedIn personnalisées pour leurs collaborateurs
- Générer des argumentaires pour défendre des projets en comité de direction
- Préparer des discours pour des événements d'équipe
- Élaborer des critères d'évaluation clairs pour des revues de performance

Un directeur des ressources humaines m'a récemment confié que cette capacité à générer rapidement des communications de qualité avait transformé sa présence managériale : "Avant, j'hésitais souvent à écrire par manque de temps, reportant des messages importants. Aujourd'hui, ma communication est plus fréquente, plus claire et paradoxalement plus personnelle, car j'ai le temps d'y ajouter ma touche."

Pour intégrer efficacement cette pratique dans votre quotidien, je vous suggère une approche progressive en trois phases :

1. **Phase d'initiation** : Commencez par les communications simples et à faible enjeu (notes d'information, rappels, mises à jour de statut)
2. **Phase d'expansion** : Étendez à des communications plus complexes (feedback, présentations, argumentaires)
3. **Phase d'optimisation** : Affinez vos prompts et créez votre bibliothèque personnalisée de modèles

Une dimension particulièrement intéressante concerne l'apprentissage par l'exemple que permet Copilot. En analysant les structures proposées, vous développerez progressivement une meilleure compréhension des principes d'une communication managériale efficace. Plusieurs managers m'ont rapporté avoir amélioré leurs propres compétences rédactionnelles grâce à cette exposition régulière à des modèles bien structurés.

Le potentiel transformatif de cette fonctionnalité s'étend au-delà du gain de temps immédiat. Elle peut devenir un véritable levier d'influence en vous permettant de communiquer plus fréquemment, plus clairement et avec un impact plus fort auprès de toutes vos parties prenantes. Dans un environnement professionnel où l'attention est une ressource rare, la qualité et la pertinence de vos communications représentent un avantage concurrentiel majeur.

Dans le prochain chapitre, nous verrons comment amplifier encore davantage votre impact communicationnel en adaptant précisément votre ton et votre style à chaque interlocuteur et situation, créant ainsi une impression de personnalisation et d'attention qui distingue les leaders vraiment exceptionnels.

2. Amplifier Votre Impact Communicationnel avec l'Assistance de Copilot

La communication représente l'essence même du leadership. Cette vérité m'est apparue avec une clarté cristalline lors d'une session d'accompagnement avec une directrice financière brillante sur le plan technique mais qui peinait à faire adhérer son équipe à sa vision. Son constat était sans appel : "Les chiffres parlent peut-être d'eux-mêmes pour moi, mais pas pour mon équipe." Ce moment illustre parfaitement le défi central que rencontrent tant de managers : comment transformer notre expertise et nos idées en messages qui résonnent, inspirent et déclenchent l'action.

La qualité de votre communication détermine directement l'efficacité de votre leadership. En tant que manager, vous passez probablement plus de 70% de votre temps à communiquer sous diverses formes : emails, présentations, réunions, feedbacks, notes de service, rapports... Or, dans ce flot continu d'échanges, combien de vos messages atteignent réellement leur cible ? Combien génèrent l'impact souhaité ?

La réalité que j'observe sur le terrain est souvent décevante. Malgré des intentions louables, de nombreux managers voient leurs communications diluées, mal interprétées ou simplement ignorées dans l'océan d'informations qui submerge leurs collaborateurs quotidiennement. Les conséquences sont lourdes : désalignement stratégique, opportunités manquées, engagement fragile, et frustration partagée.

Ma conviction profonde, forgée par des années d'accompagnement de dirigeants et managers, est que l'impact communicationnel n'est pas un talent inné réservé à quelques privilégiés, mais une compétence stratégique qui peut être développée, amplifiée et systématisée. C'est précisément là que Microsoft 365 Copilot entre en jeu comme un démultiplicateur d'impact.

Dans ce chapitre, nous explorerons comment transformer radicalement votre communication managériale grâce à Copilot, non pas en remplaçant votre voix unique, mais en l'amplifiant et en éliminant les obstacles qui limitent actuellement son impact. L'objectif n'est pas de standardiser votre communication, mais au contraire de la rendre plus authentique, personnalisée et percutante.

Quatre principes fondamentaux guideront notre exploration :

- **L'hyperpersonnalisation** : adapter finement chaque message à son destinataire spécifique pour maximiser sa résonance et son impact.

- **La clarté structurelle** : organiser vos idées avec une architecture communicationnelle qui guide naturellement votre audience vers la compréhension et l'action.

- **L'engagement émotionnel** : transcender le simple transfert d'informations pour créer une connexion qui mobilise l'intellect et les émotions de vos interlocuteurs.

- **L'efficience créative** : produire des communications d'exception sans y consacrer des heures, libérant ainsi votre énergie pour l'interaction humaine directe.

Les bénéfices d'une communication amplifiée par Copilot dépassent largement le gain de temps, bien que celui-ci soit considérable. Mes clients rapportent systématiquement des transformations profondes : messages mieux compris du premier coup, réduction des allers-retours clarificateurs, engagement accru des équipes, et perception renforcée de leur leadership.

Un responsable commercial que j'accompagnais récemment m'a confié : "Pour la première fois, mes équipes agissent exactement comme je l'espérais après une communication. Avant, j'avais l'impression de jouer aux devinettes, espérant qu'ils saisissent mon intention." Cette clarté nouvelle n'est pas le fruit du hasard, mais d'une approche structurée de la communication, assistée par l'intelligence artificielle.

L'erreur commune que je constate chez de nombreux managers consiste à considérer la communication comme un processus de transmission d'informations, alors qu'il s'agit fondamentalement d'un processus de création de sens partagé. Cette nuance essentielle change tout. Votre rôle n'est pas simplement d'émettre un message, mais de créer les conditions pour qu'il soit reçu, compris et intégré exactement comme vous le souhaitez.

Copilot excelle précisément dans cette dimension souvent négligée : l'adaptation fine du message à son contexte et à son destinataire. Il vous aide à franchir le fossé invisible qui sépare ce que vous pensez dire de ce que votre interlocuteur comprend réellement.

Dans ce chapitre, nous explorerons deux dimensions majeures pour amplifier votre impact communicationnel :

1. **Rédiger des messages managériaux persuasifs et hyper-personnalisés** : nous découvrirons comment adapter votre ton et votre style à chaque interlocuteur et situation, puis comment structurer des communications complexes avec clarté, concision et impact.

2. **Animer vos équipes avec des communications engageantes et inspirantes** : nous verrons comment préparer rapidement des présentations dynamiques et des ordres du jour efficaces, puis comment faciliter le feedback constructif et la reconnaissance personnalisée pour motiver vos collaborateurs.

Une idée fausse mais répandue mérite d'être dissipée d'emblée : utiliser Copilot pour sa communication ne signifie pas abdiquer son authenticité ou déléguer sa voix à une machine. Bien au contraire. L'approche que je vous propose consiste à utiliser l'IA pour éliminer les frictions techniques et les limitations cognitives qui vous empêchent actuellement d'exprimer pleinement votre message unique.

Pensez à Copilot comme à un amplificateur de votre voix naturelle, pas comme un ventriloque. Il ne s'agit pas de laisser l'IA parler à votre place, mais de la mettre au service de votre intention communicationnelle authentique.

La métaphore du sculpteur illustre parfaitement cette relation. Michel-Ange disait voir la statue déjà présente dans le bloc de marbre, son travail consistant simplement à retirer la pierre superflue pour la révéler. De même, votre message idéal existe déjà dans votre esprit. Copilot vous aide simplement à éliminer les obstacles linguistiques et structurels qui l'emprisonnent.

Un aspect souvent sous-estimé de la communication managériale concerne ce que j'appelle "l'économie attentionnelle". Dans un monde professionnel saturé d'informations, l'attention de vos collaborateurs est devenue la ressource la plus rare et précieuse. Chaque email, présentation ou réunion que vous initiez représente une ponction dans ce capital limité. Copilot vous aide à maximiser le retour sur cet investissement attentionnel.

Pour illustrer concrètement cette transformation, prenons l'exemple d'un directeur des opérations avec qui je travaillais. Avant d'intégrer Copilot dans sa pratique communicationnelle, ses emails de direction hebdomadaires généraient peu d'engagement, avec un taux d'ouverture de 60% et un impact limité sur les comportements. Après avoir restructuré sa communication avec les principes que nous verrons dans ce chapitre, ce même message hebdomadaire est devenu un moment attendu par son équipe, avec un taux d'ouverture dépassant 90% et, plus important encore, une traduction concrète dans les actions quotidiennes.

La différence ? Non pas le contenu fondamental qui restait similaire, mais la façon dont ce contenu était structuré, personnalisé et présenté pour créer une expérience communicationnelle engageante plutôt qu'une simple transmission d'informations.

Une préoccupation légitime que j'entends souvent concerne la standardisation potentielle de la communication. "Si tout le monde utilise Copilot, nos messages ne vont-ils pas tous se ressembler ?" Cette inquiétude repose sur une compréhension erronée de l'outil. Copilot n'impose pas un style uniforme, il amplifie votre style personnel existant. Il ne remplace pas votre voix, il l'optimise pour qu'elle porte plus loin et résonne plus profondément.

La plupart des managers que j'accompagne constatent même que l'utilisation régulière de Copilot les aide à développer et affiner leur propre style communicationnel distinctif. En observant comment l'IA adapte leurs messages bruts, ils acquièrent progressivement une meilleure conscience de leurs forces et particularités stylistiques.

Le potentiel transformatif de Copilot pour votre communication managériale s'étend bien au-delà de l'écrit. Nous explorerons comment cet outil peut également révolutionner vos présentations orales, vos réunions, et même vos conversations individuelles grâce à une préparation plus efficace et une structuration plus claire de votre pensée.

Dans les sections qui suivent, vous découvrirez des méthodologies précises, des exemples concrets et des prompts spécifiques pour exploiter pleinement ce potentiel. Vous apprendrez à construire votre propre bibliothèque de modèles communicationnels personnalisés que vous pourrez adapter à l'infini selon vos besoins spécifiques.

L'objectif n'est pas simplement de vous aider à communiquer plus facilement, mais de transformer fondamentalement l'impact de chaque interaction avec vos collaborateurs, votre hiérarchie et vos pairs. Dans un environnement professionnel où l'information abonde mais l'attention se raréfie, cette capacité représente un avantage compétitif déterminant pour votre leadership.

Prêt à découvrir comment Copilot peut transformer vos messages ordinaires en communications extraordinaires ? Plongeons ensemble dans l'exploration des techniques concrètes qui feront de vous un communicateur d'exception.

2.1 Rédiger des Messages Managériaux Persuasifs et Hyper-Personnalisés

2.1.1 Adapter Votre Ton et Style sans Effort pour Chaque Interlocuteur et Situation

La capacité d'ajuster subtilement votre communication selon votre interlocuteur marque la différence entre un manager ordinaire et un leader d'influence. Cette vérité m'est apparue lors d'une session avec une brillante directrice financière qui maîtrisait parfaitement ses chiffres mais peinait à obtenir l'adhésion des différents services. "J'envoie le même message à tous, pourquoi certains ne comprennent-ils pas ?" m'a-t-elle demandé avec frustration. Sa question révélait un angle mort que de nombreux managers partagent : l'illusion que communiquer consiste simplement à transmettre une information, indépendamment de qui la reçoit.

Cette approche uniforme génère des malentendus, ralentit les projets et crée des frictions inutiles. Un message identique résonnera différemment chez votre directeur commercial passionné par les résultats concrets, votre responsable technique focalisée sur la précision des détails, ou votre jeune équipe marketing avide d'innovation. Chacun possède sa propre "fréquence de réception", et M365 Copilot vous offre désormais la possibilité de vous y accorder sans effort.

Mes années d'accompagnement de managers m'ont permis d'identifier quatre dimensions clés pour adapter efficacement votre communication :

- **Le style cognitif du destinataire** : Certains privilégient les données concrètes et l'analyse détaillée, d'autres sont plus sensibles aux concepts globaux et aux visions d'ensemble.

- **Le niveau hiérarchique** : Une communication efficace avec votre N+2 diffère fondamentalement de celle adressée à vos collaborateurs directs, tant en termes de niveau d'abstraction que de formalisme.

- **L'intention communicationnelle** : Informer, persuader, motiver ou recadrer nécessitent des approches stylistiques radicalement différentes.

- **Le contexte émotionnel** : L'état d'esprit de votre interlocuteur (stress, enthousiasme, résistance) exige des ajustements subtils dans votre ton et votre rythme.

Copilot excelle précisément dans cette personnalisation fine que peu de managers ont le temps ou l'expertise d'effectuer manuellement. Voyons comment l'exploiter concrètement.

L'une des fonctionnalités les plus puissantes consiste à adapter un même message pour différents destinataires. Prenons un exemple concret : vous devez communiquer un changement de stratégie à trois publics distincts : votre équipe, votre direction, et un service partenaire. Au lieu de rédiger trois messages distincts, vous pouvez créer un contenu initial, puis demander à Copilot :

"Adapte ce message pour mon équipe opérationnelle en mettant l'accent sur l'impact concret sur leur quotidien et les prochaines étapes, ton rassurant mais direct."

Puis :

"Reformule le même contenu pour ma directrice générale, en focalisant sur les aspects stratégiques, l'alignement business et les résultats attendus, style concis et orienté décision."

Et enfin :

"Adapte maintenant pour l'équipe marketing partenaire, en soulignant les opportunités de collaboration et les bénéfices mutuels, ton collaboratif et constructif."

En quelques minutes, vous obtenez trois versions parfaitement calibrées d'un même message, chacune résonnant avec les préoccupations spécifiques de son destinataire. Cette capacité d'adaptation multiplie votre impact sans multiplier votre effort.

La personnalisation par Copilot va bien au-delà du simple ajustement de contenu. Elle peut transformer fondamentalement le style et le ton de votre communication. Pour un collaborateur analytique et détaillé, demandez :

"Reformule ce message en privilégiant une structure logique, des données précises et une progression pas à pas des arguments. Utilise un vocabulaire précis et factuel."

Pour un profil plus intuitif et global :

"Adapte ce message en commençant par la vision d'ensemble et les bénéfices finaux. Utilise des métaphores parlantes et un style plus narratif qui souligne les connexions entre les éléments."

Un directeur commercial que j'accompagnais a systématisé cette approche en créant une "bibliothèque de prompts d'adaptation" pour chaque membre clé de son écosystème professionnel. Résultat : ses communications ont gagné en impact et en fluidité, avec 40% moins de demandes de clarification et une accélération notable dans l'exécution des projets transverses.

La maîtrise de cette personnalisation repose sur votre capacité à formuler des prompts efficaces. Voici ma structure recommandée en quatre éléments :

1. **Destinataire** : Spécifiez clairement qui recevra le message et ses caractéristiques pertinentes
2. **Objectif** : Définissez précisément ce que vous souhaitez accomplir avec cette communication
3. **Style** : Indiquez le ton, la structure et l'approche stylistique désirés

4. **Emphase** : Précisez les points à mettre en avant selon ce destinataire spécifique

Un exemple complet : "Adapte ce message pour mon collaborateur Thomas (analytique, orienté détails, légèrement résistant au changement). Objectif : obtenir son adhésion au nouveau projet sans provoquer de blocage. Style : factuel, logique, progressif avec reconnaissance de ses préoccupations. Mets l'accent sur les données validant l'approche et la manière dont son expertise sera valorisée."

Ce niveau de précision guide Copilot pour générer une communication véritablement sur mesure qui maximise vos chances d'atteindre votre objectif.

Un aspect souvent négligé de l'adaptation concerne le format même de la communication. Certains interlocuteurs absorbent mieux l'information sous forme de liste à puces, d'autres préfèrent des paragraphes développés, certains réagissent plus favorablement aux questions qu'aux affirmations. Copilot peut transformer la structure de votre message pour l'optimiser :

"Reformate ce message en une série de questions stratégiques suivies de réponses concises, pour stimuler la réflexion de l'équipe direction."

Ou :

"Transforme ces paragraphes en format 'Situation, Complication, Question, Réponse', qui correspond mieux aux attentes de notre responsable de service."

Cette adaptation structurelle peut sembler cosmétique, mais elle influence profondément la façon dont votre message sera reçu et interprété.

La dimension temporelle représente un autre paramètre crucial d'adaptation. Vos interlocuteurs n'ont pas tous la même disponibilité attentionnelle. Pour un dirigeant disposant de trois minutes, demandez :

"Condense ces informations en un format exécutif de 5 points essentiels, comprenant chacun une phrase maximum, permettant une décision rapide."

Pour un collaborateur qui analysera votre proposition en détail :

"Développe ces mêmes points avec les justifications complètes, les données de support et les implications à moyen terme."

Une directrice marketing avec qui je travaillais m'a confié que cette capacité d'adaptation temporelle a transformé sa relation avec son comité de direction, précédemment frustré par ses communications jugées trop détaillées.

L'adaptation émotionnelle représente peut-être la dimension la plus subtile mais aussi la plus impactante. Copilot peut moduler finement la charge émotionnelle de votre message selon le contexte. Face à une équipe inquiète pendant une réorganisation :

"Adapte ce message en reconnaissant ouvertement les préoccupations légitimes, tout en construisant progressivement une vision rassurante et concrète des prochaines étapes. Ton empathique mais confiant."

Pour motiver après une déception :

"Reformule en reconnaissant l'échec sans s'y attarder, mettant l'accent sur les apprentissages spécifiques et les nouvelles opportunités qu'ils ouvrent. Ton dynamique et tourné vers l'avenir."

La personnalisation devient particulièrement puissante lorsqu'elle s'appuie sur une compréhension des préférences culturelles de vos interlocuteurs. Dans un contexte international, demandez à Copilot :

"Adapte ce message pour notre filiale japonaise, en respectant les conventions indirectes de communication, la valorisation du consensus et l'importance de la hiérarchie."

Cette sensibilité culturelle peut faire la différence entre une collaboration fluide et des malentendus coûteux.

Une préoccupation légitime que j'entends souvent concerne l'authenticité : "Si j'adapte ainsi mes messages, ne vais-je pas paraître artificiel ou manipulateur ?" Ma réponse est claire : l'adaptation n'est pas de la manipulation, mais de l'empathie opérationnelle. Vous ne modifiez pas votre message fondamental, mais la façon dont vous le présentez pour qu'il soit véritablement compris et intégré.

Pour préserver votre authenticité tout en bénéficiant de cette adaptation, je recommande de toujours relire et ajuster personnellement le résultat généré par Copilot. L'objectif est que la communication reste vôtre, simplement optimisée pour son destinataire.

L'adaptation devient particulièrement stratégique lors des communications sensibles ou à fort enjeu. Avant d'envoyer un message critique, utilisez Copilot pour explorer différentes approches :

"Propose trois versions alternatives de cette annonce difficile : une directe et factuelle, une progressive et contextualisée, une empathique et orientée solutions."

Cette capacité à visualiser différentes options d'expression d'un même contenu développe progressivement votre propre intelligence communicationnelle.

Les managers les plus efficaces que j'accompagne ont intégré cette adaptation comme réflexe permanent, créant ce que j'appelle un "système d'amplification communicationnelle" avec Copilot. Ils obtiennent non seulement des résultats plus rapides, mais construisent également une réputation de clarté et d'écoute qui renforce leur leadership.

Dans le prochain chapitre, nous explorerons comment structurer efficacement des communications complexes pour maximiser leur impact et leur mémorisation, toujours avec l'assistance intelligente de Copilot.

2.1.2 STRUCTURER DES COMMUNICATIONS COMPLEXES AVEC CLARTÉ, CONCISION ET IMPACT

La structure représente l'architecture invisible de toute communication efficace. Cette vérité m'est apparue avec force lors d'une session avec un brillant directeur technique. Malgré son expertise indéniable, ses communications internes tombaient systématiquement à plat. Le diagnostic était clair : un contenu riche mais une architecture communicationnelle chaotique. "J'ai toutes les informations importantes dans mon message," m'expliquait-il, "mais personne ne semble les repérer ni agir en conséquence."

Cette situation illustre un phénomène que j'observe quotidiennement : la majorité des managers possèdent l'expertise et les intentions nécessaires, mais échouent à les transformer en communications structurées qui déclenchent l'action. Notre cerveau est câblé pour rechercher des patterns, des structures qui facilitent la compréhension et la mémorisation. Sans cette architecture, même les idées les plus brillantes se perdent dans le bruit ambiant.

Copilot excelle précisément dans cette dimension souvent négligée : l'organisation stratégique de l'information pour maximiser sa clarté et son impact. Il ne s'agit pas simplement de formater joliment un texte, mais de repenser fondamentalement son architecture pour qu'il pénètre l'esprit de votre destinataire et y déclenche les connexions souhaitées.

La puissance de cette approche m'a été confirmée par l'expérience d'une responsable marketing qui a transformé son taux de "lecture complète" des communications d'équipe de 35% à plus de 80% en quelques semaines, simplement en restructurant ses messages selon les principes que nous allons explorer.

Commençons par examiner les fondements d'une structure communicationnelle efficace. Mes années d'accompagnement m'ont permis d'identifier quatre piliers que Copilot peut vous aider à maîtriser :

- **La hiérarchisation stratégique** : Organiser l'information selon un ordre précis, plaçant les éléments cruciaux aux points d'attention maximale (début, fin, transitions).

- **La segmentation cognitive** : Diviser des messages complexes en unités distinctes et digestibles, respectant les limites de notre mémoire de travail.

- **Les patterns de reconnaissance** : Utiliser des structures récurrentes et prévisibles qui permettent au cerveau de votre interlocuteur de traiter l'information plus efficacement.

- **Les balises attentionnelles** : Créer des signaux visuels et linguistiques qui guident le regard et l'attention vers les éléments essentiels.

Pour exploiter ces principes avec Copilot, j'ai développé plusieurs cadres structurels que vous pouvez invoquer directement dans vos prompts. Examinons les plus puissants, avec des exemples concrets d'utilisation.

La structure "Situation-Complication-Question-Réponse" (SCQR) s'avère particulièrement efficace pour les communications persuasives ou décisionnelles. Demandez simplement à Copilot :

"Restructure ce message selon le cadre SCQR : établis d'abord la situation actuelle, puis identifie clairement la complication ou le défi, pose la question stratégique centrale, et développe notre réponse ou solution proposée. Assure-toi que chaque section est clairement identifiable."

J'ai vu un directeur financier utiliser cette structure pour présenter un dépassement budgétaire potentiel, transformant ce qui aurait pu être perçu comme un échec en une analyse structurée ouvrant la voie à des solutions concrètes.

Pour les communications informatives complexes, la structure "Panorama-Détails-Implications-Prochaines étapes" (PDIP) offre un cadre particulièrement efficace. Votre prompt pourrait être :

"Réorganise cette communication en suivant la structure PDIP : commence par un panorama global en une phrase, développe les détails essentiels regroupés par thème, explicite les implications concrètes pour chaque partie prenante, et termine par les actions requises avec responsables et échéances."

Cette approche a transformé la façon dont une directrice des opérations communiquait les changements de processus à son équipe, réduisant considérablement les malentendus et questions redondantes.

Pour les situations de crise ou d'urgence, rien ne surpasse la structure "Fait-Impact-Action" (FIA), privilégiant la concision maximale. Demandez à Copilot :

"Condense cette situation en utilisant strictement la structure FIA : présente d'abord les faits bruts sans interprétation, puis l'impact direct sur notre activité ou nos objectifs, et enfin les actions immédiates nécessaires avec leurs responsables."

Un responsable sécurité avec qui je travaillais a adopté ce format pour toutes ses communications d'incidents, améliorant drastiquement la rapidité et la pertinence des réactions de son équipe.

Au-delà de ces trois cadres fondamentaux, Copilot peut vous aider à maîtriser des structures spécifiques adaptées à différents contextes communicationnels :

1. **Structure en pyramide inversée** : Idéale pour les lecteurs pressés, plaçant l'information essentielle en premier
2. **Structure comparative** : Parfaite pour présenter des alternatives et justifier un choix
3. **Structure chronologique** : Efficace pour les récits de projet ou les analyses rétrospectives
4. **Structure problème-solution** : Puissante pour les propositions et plans d'action

La clé réside dans votre capacité à sélectionner la structure la plus adaptée à votre objectif et à votre audience. Pour guider ce choix, j'ai développé une matrice décisionnelle simple :

- Si votre objectif est d'**informer** et que le temps de lecture est limité, privilégiez la pyramide inversée
- Si vous cherchez à **persuader** face à des résistances potentielles, optez pour SCQR
- Si vous devez **mobiliser** rapidement face à un imprévu, la structure FIA s'impose
- Si vous souhaitez **éduquer** sur un sujet complexe, la structure PDIP sera optimale

Voyons maintenant comment appliquer concrètement ces principes avec Copilot. Prenons l'exemple d'un message initialement désorganisé concernant le lancement d'une nouvelle initiative d'entreprise. Vous pourriez formuler votre prompt ainsi :

"Ce message concerne le lancement de notre nouvelle plateforme collaborative. Restructure-le selon le cadre SCQR : la situation actuelle (défis de communication entre équipes), la complication (perte de temps et opportunités manquées), la question centrale (comment améliorer notre efficacité collaborative), et notre réponse (la nouvelle plateforme et son déploiement). Utilise des sous-titres clairs, des listes à puces pour les bénéfices et les actions requises, et limite chaque section à 2-3 paragraphes maximum."

Cette instruction précise guide Copilot pour transformer un message potentiellement confus en une communication structurée et actionnable.

Un aspect souvent négligé de la structuration concerne l'équilibre entre différents types d'informations. C'est ce que j'appelle le "ratio cognitif optimal" : la proportion idéale entre faits, analyses, émotions et actions dans une communication. Copilot peut vous aider à maintenir cet équilibre avec un prompt comme :

"Analyse cette communication et ajuste-la pour atteindre un ratio équilibré : 30% de faits objectifs, 25% d'analyse ou interprétation, 15% d'éléments émotionnels ou motivationnels, et 30% d'éléments actionnables concrets. Ajoute ou réduis les éléments nécessaires tout en préservant le message essentiel."

Cette approche s'est révélée particulièrement efficace pour un directeur des ressources humaines qui tendait naturellement vers des communications trop émotionnelles, diluant l'impact de ses messages.

La segmentation visuelle représente un autre levier puissant que Copilot maîtrise parfaitement. Des études cognitives montrent que notre cerveau traite l'information visuelle 60 000 fois plus rapidement que le texte. Vous pouvez exploiter cette réalité avec un prompt comme :

"Restructure ce message pour une lisibilité maximale en utilisant : des sous-titres explicites en gras, des paragraphes de 3-4 lignes maximum, des espaces visuels entre sections, des listes à puces pour tous les éléments séquentiels, et des mots clés en gras dans chaque paragraphe."

Cette simple restructuration visuelle peut transformer radicalement l'impact de votre communication sans en modifier le contenu fondamental.

Un piège fréquent dans les communications managériales concerne la dilution du message principal dans un excès d'informations secondaires. Copilot peut vous aider à éviter cet écueil grâce à ce que j'appelle la "structure concentrique" :

"Réorganise cette communication en structure concentrique : place le message central en introduction et conclusion, dispose les informations essentielles dans le premier et dernier paragraphe de chaque section, et relègue les détails complémentaires au milieu. Assure-toi que le lecteur puisse saisir l'essentiel même en lecture diagonale."

Cette organisation stratégique de l'information permet à vos messages de toucher même les lecteurs les plus pressés, tout en offrant la profondeur nécessaire aux plus attentifs.

La puissance de ces structures s'amplifie lorsque vous les standardisez au sein de votre équipe. Un responsable commercial a transformé l'efficacité communicationnelle de son département en établissant trois modèles de structure distincts pour trois types de communications récurrentes : mises à jour hebdomadaires, analyses de performance et propositions d'initiative. Cette cohérence structurelle a considérablement réduit la charge cognitive liée au décodage des messages.

Une dimension essentielle souvent sous-estimée concerne l'adaptation de la structure au canal de communication. Un email, une présentation PowerPoint et un document Word nécessitent des architectures distinctes pour maximiser leur impact. Copilot peut vous aider à adapter intelligemment votre message au canal choisi :

"Adapte cette communication initialement prévue pour un email en format de présentation PowerPoint : transforme les paragraphes en points clés concis, crée une progression logique slide par slide, et suggère des visuels ou graphiques pertinents pour remplacer les descriptions textuelles lourdes."

Ce type d'adaptation structurelle préserve l'essence de votre message tout en optimisant son impact dans le format spécifique de destination.

Dans notre monde professionnel où l'information surabonde, la clarté structurelle n'est plus un luxe mais une nécessité absolue. Chaque message mal structuré représente non seulement une opportunité manquée d'influence, mais également une ponction dans le capital attentionnel limité de vos interlocuteurs.

Avec l'assistance de Copilot, vous pouvez transformer cet aspect critique de votre communication managériale sans y consacrer des heures. Votre expertise et vos intentions restent primordiales, mais leur impact se trouve considérablement amplifié par une architecture communicationnelle optimale.

Dans le prochain chapitre, nous verrons comment appliquer ces principes structurels à des formats spécifiques essentiels pour votre rôle de manager : les présentations impactantes et les ordres du jour efficaces qui maximisent la productivité de vos réunions.

2.2 Animer Vos Équipes avec des Communications Engageantes et Inspirantes Assistées par IA

2.2.1 Préparer des Présentations Dynamiques et des Ordres du Jour Efficaces en Quelques Clics

Les présentations et les réunions constituent les deux piliers essentiels de l'animation d'équipe. Cette réalité m'a frappé lors d'une session de travail avec une directrice marketing talentueuse qui passait près de huit heures par semaine à préparer ses présentations et planifier ses réunions. "J'ai l'impression de consacrer plus de temps à préparer ces moments qu'à les vivre réellement," m'a-t-elle confié, exprimant une frustration que partagent de nombreux managers.

Cette tension entre préparation et action représente un dilemme classique du leadership moderne. D'un côté, des présentations bâclées et des réunions mal structurées minent votre crédibilité et gaspillent le temps collectif. De l'autre, une préparation excessive vous prive du temps nécessaire pour l'accompagnement individuel et la réflexion stratégique.

M365 Copilot transforme radicalement cette équation en vous offrant la possibilité de créer des supports de communication impactants et des cadres de réunion efficaces en une fraction du temps habituellement nécessaire. Le résultat ? Des communications plus engageantes, des réunions plus productives, et surtout, un temps précieux libéré pour l'essentiel de votre rôle de leader.

Commençons par explorer comment Copilot révolutionne la création de présentations PowerPoint, traditionnellement l'une des tâches les plus chronophages pour les managers. Voici les approches clés pour générer rapidement des présentations professionnelles et percutantes :

- **Génération complète à partir d'un brief** : La méthode la plus directe consiste à décrire votre besoin en langage naturel. Par exemple : "Crée une présentation de 10 slides sur notre stratégie commerciale Q2, incluant nos résultats Q1, les objectifs pour Q2, les défis anticipés et le plan d'action par segment client. Utilise notre palette de couleurs corporate (bleu #1A5276, gris #626567)."

- **Transformation de document existant** : Si vous disposez déjà d'un document Word ou d'un email détaillant le contenu, demandez simplement : "Transforme ce document en présentation PowerPoint structurée avec une slide de titre, un sommaire, et des sections claires pour chaque point principal. Ajoute des visuels pertinents et des citations marquantes extraites du texte."

- **Enrichissement d'une présentation basique** : Pour une présentation existante mais basique, utilisez : "Améliore cette présentation en ajoutant des éléments visuels pertinents pour chaque slide, des transitions logiques entre les sections, et une conclusion impactante qui reprend les messages clés."

L'efficacité de cette approche m'a été démontrée par un directeur commercial qui a réduit son temps de préparation pour un comité de direction de trois heures à moins de 30 minutes, tout en recevant des compliments sur la qualité et la clarté de sa présentation.

Pour maximiser l'impact de vos présentations générées par Copilot, j'ai développé un cadre en quatre dimensions que j'appelle le modèle "PARC" :

1. **Personnalisation** : Adaptez toujours le contenu générique initial à votre contexte spécifique et à votre audience.

Demandez à Copilot : "Adapte cette présentation pour une audience technique qui valorise les données et les preuves concrètes" ou "Ajuste le niveau de détail pour un comité exécutif qui préfère une vue d'ensemble stratégique."

2. **Architecture narrative** : Assurez-vous que votre présentation raconte une histoire cohérente. Demandez : "Organise cette présentation selon une structure narrative claire : situation actuelle, enjeux, solution proposée, bénéfices attendus et appel à l'action."

3. **Résonance émotionnelle** : Les présentations mémorables connectent au niveau émotionnel. Utilisez : "Ajoute des éléments qui créent une connexion émotionnelle : une anecdote client en introduction, des exemples concrets dans le développement, et une vision inspirante en conclusion."

4. **Clarté visuelle** : La simplicité visuelle amplifie l'impact. Demandez : "Simplifie les slides trop chargées en gardant maximum 3 points clés par slide et transforme les paragraphes en listes à puces concises."

Un aspect particulièrement puissant de Copilot dans PowerPoint concerne sa capacité à visualiser l'information. Pour transformer des données brutes en visuels impactants, essayez ces prompts spécifiques :

- "Convertis ce tableau de chiffres en graphique adapté qui met en évidence la tendance principale et les variations notables."

- "Crée une infographie illustrant les 5 étapes de notre processus de décision, avec une icône représentative pour chaque étape."

- "Suggère 3 alternatives visuelles pour présenter cette comparaison entre nos résultats et ceux des concurrents."

Passons maintenant à la seconde dimension critique de l'animation d'équipe : la préparation d'ordres du jour efficaces et la structuration de réunions productives. Une études révèle que 71% des managers considèrent les réunions comme improductives, souvent par manque de préparation adéquate.

Copilot dans Outlook et Teams transforme cet aspect fondamental de votre rôle en vous permettant de créer des structures de réunion optimales en quelques minutes. Voici les approches les plus impactantes :

- **Génération d'ordre du jour complet** : Pour une réunion standard, utilisez un prompt comme : "Crée un ordre du jour détaillé pour notre réunion d'équipe hebdomadaire de 60 minutes, incluant : point sur les KPIs de la semaine (15 min), revue des projets en cours (20 min), obstacles à lever (15 min), et priorisation pour la semaine à venir (10 min). Ajoute une introduction et une conclusion efficaces."

- **Structure pour objectif spécifique** : Si votre réunion a un but précis, spécifiez-le : "Génère un ordre du jour pour une réunion de résolution de problème concernant les retards du projet X. Structure la réunion pour : clarifier la situation actuelle, identifier les causes profondes, explorer des solutions, sélectionner la meilleure approche, et définir un plan d'action avec responsables."

- **Format participatif optimal** : Pour maximiser l'engagement, demandez : "Propose un format de réunion participatif pour notre session stratégique trimestrielle, avec des activités collaboratives, des moments de réflexion individuelle, et des techniques de prise de décision collective."

Le véritable pouvoir de Copilot se révèle dans sa capacité à vous aider à préparer des réunions différenciées selon leur typologie.

J'ai identifié quatre modèles d'ordres du jour spécifiques que vous pouvez générer instantanément :

1. **Réunion d'information** : "Crée un ordre du jour pour une réunion d'information descendante, avec une structure qui maximise la clarté des messages clés et prévoit des moments pour questions et clarifications."

2. **Réunion de résolution de problème** : "Génère un ordre du jour structuré selon la méthode de résolution de problème en 5 étapes, avec des questions clés à poser à chaque phase et des techniques de facilitation adaptées."

3. **Réunion de prise de décision** : "Prépare un ordre du jour pour une réunion décisionnelle, incluant un format de présentation des options, une matrice d'évaluation des critères, et une méthode de consensus."

4. **Réunion de créativité** : "Développe un ordre du jour pour une session de brainstorming sur [sujet], avec des exercices d'échauffement créatif, des techniques de génération d'idées, et une méthodologie de sélection des pistes prioritaires."

Un directeur technique avec qui je travaillais a transformé la perception de ses réunions d'équipe en utilisant ces modèles différenciés. "Avant, toutes nos réunions se ressemblaient. Aujourd'hui, chacune a une structure et une énergie adaptées à son objectif spécifique."

La préparation post-réunion représente une autre dimension où Copilot excelle. Demandez-lui de créer automatiquement des modèles de suivi :

- "Génère un modèle de compte-rendu structuré pour cette réunion, avec les décisions prises, les actions assignées avec échéances, et les points à reporter à la prochaine session."

- "Crée un tableau de suivi des actions décidées lors de cette réunion, avec colonnes pour : action, responsable, deadline, statut et commentaires."

Au-delà des aspects techniques, l'impact réel de Copilot sur vos présentations et réunions repose sur votre capacité à maintenir une approche centrée sur l'humain. La technologie vous libère du temps et amplifie votre message, mais c'est votre authenticité et votre présence qui créeront la connexion avec votre équipe.

Dans ma pratique personnelle, j'utilise le temps gagné grâce à Copilot pour me concentrer sur ce qui ne peut être automatisé : réfléchir aux questions puissantes que je poserai, anticiper les préoccupations de mon équipe, et préparer mentalement ma présence et mon écoute active.

Le gain de temps est considérable. Un dirigeant que j'accompagne estime économiser en moyenne 5 heures par semaine sur la préparation de ses communications d'équipe. Mais le bénéfice le plus significatif réside dans la qualité accrue de ses interactions, désormais plus ciblées, plus engageantes, et finalement plus humaines.

Dans le prochain chapitre, nous explorerons comment Copilot peut également transformer votre approche du feedback et de la reconnaissance, deux leviers essentiels pour motiver votre équipe et cultiver une culture de performance durable.

2.2.2 Faciliter le Feedback Constructif et la Reconnaissance Personnalisée pour Motiver

Le feedback et la reconnaissance représentent les deux piliers fondamentaux de la motivation d'équipe. Cette vérité s'est imposée à moi lors d'une séance avec un directeur des opérations talentueux qui, malgré son expertise technique, peinait à maintenir l'engagement de ses collaborateurs. "Je sais exactement ce qui fonctionne et ce qui doit être amélioré, mais je n'arrive pas à le formuler d'une façon qui inspire plutôt que décourage," m'a-t-il confié, exprimant une frustration partagée par de nombreux managers.

Cette tension entre intention et expression constitue un défi universel du leadership. Combien de feedbacks précieux restent non formulés par manque de temps pour les structurer adéquatement ? Combien de reconnaissances sincères perdent leur impact par formulation maladroite ou générique ? La qualité de ces interactions détermine directement le climat de confiance et la culture de performance au sein de votre équipe.

M365 Copilot transforme radicalement cette dynamique en vous offrant la capacité de générer des feedbacks nuancés et des messages de reconnaissance profondément personnalisés, et ce en quelques minutes plutôt qu'en heures. Le résultat ? Des collaborateurs qui se sentent véritablement vus, compris et valorisés, créant un cercle vertueux de motivation et de développement.

Le pouvoir du feedback constructif réside dans sa capacité à équilibrer parfaitement trois dimensions : la précision factuelle, l'impact émotionnel et l'orientation future. Voyons comment Copilot peut vous aider à maîtriser cet art délicat :

- **Structuration du feedback par objectif spécifique** : Copilot excelle dans la génération de feedbacks adaptés à différentes situations managériales. Utilisez des prompts comme : "Génère un feedback constructif pour Marie concernant sa présentation client d'hier. Points forts : préparation approfondie, qualité des visuels, réponses techniques. Points d'amélioration : gestion du temps, simplification des messages clés. Ton encourageant qui valorise sa progression depuis 6 mois."

- **Adaptation au profil de réception de la personne** : Chaque collaborateur reçoit et intègre les retours différemment. Exploitez cette dimension avec : "Adapte ce feedback pour Thomas qui a un profil analytique et préfère des retours directs et factuels, centrés sur des métriques concrètes et des exemples précis."

- **Contextualisation situationnelle** : Le cadre du feedback influence profondément sa réception. Demandez : "Reformule ce feedback pour qu'il soit adapté à une conversation informelle de 15 minutes plutôt qu'à un entretien formel d'évaluation."

L'efficacité d'un feedback repose sur sa structure. J'ai développé avec mes clients managers un cadre en quatre composantes pour des retours véritablement transformatifs, que Copilot peut générer instantanément :

1. **Observation factuelle** : Description objective de la situation ou du comportement observé, sans interprétation ni jugement
2. **Impact concret** : Explication claire des conséquences ou résultats de ce comportement sur l'équipe, les clients ou les objectifs
3. **Exploration collaborative** : Questions ouvertes invitant à la réflexion et à l'analyse partagée
4. **Orientation action** : Suggestions spécifiques et réalisables pour l'avenir

Un prompt complet pour ce cadre serait : "Crée un feedback selon la structure OIEO (Observation, Impact, Exploration, Orientation) concernant la difficulté de Pierre à respecter les délais du projet X. Inclus des observations factuelles précises, l'impact sur l'équipe et les clients, 2-3 questions d'exploration pour comprendre sa perspective, et des suggestions d'amélioration concrètes. Ton constructif et orienté développement."

Un responsable marketing que j'accompagnais a transformé radicalement la dynamique de son équipe en utilisant cette approche. "Avant, mes feedbacks étaient soit trop vagues pour être utiles, soit trop directs pour être bien reçus. Aujourd'hui, chaque retour devient une véritable conversation de développement."

La vraie magie opère lorsque vous personnalisez encore davantage ces feedbacks en fonction du style d'apprentissage et de la personnalité de votre interlocuteur :

- **Pour un profil visuel** : "Adapte ce feedback en utilisant des métaphores visuelles et des schémas conceptuels qui aideront Sarah à visualiser son développement."

- **Pour un apprenant expérientiel** : "Reformule en incluant des exemples concrets de situations similaires et des scénarios d'application pratique pour Julien qui apprend mieux par l'expérience."

- **Pour un profil analytique** : "Restructure ce feedback pour Paul en incluant des données, des tendances observées sur plusieurs mois et une analyse comparative avec les objectifs établis."

La reconnaissance personnalisée constitue le second pilier d'une motivation durable. Contrairement à l'idée reçue, une reconnaissance efficace ne se limite pas à féliciter pour un résultat, mais valorise spécifiquement les efforts, les comportements et les progrès qui reflètent les valeurs fondamentales de votre organisation.

Copilot transforme votre capacité à générer des messages de reconnaissance impactants de trois façons :

1. **Spécificité contextuelle** : Remplacez les félicitations génériques par des observations précises grâce à des prompts comme : "Génère un message de reconnaissance pour l'équipe projet qui a livré le nouveau CRM avec 2

semaines d'avance. Mentionne spécifiquement leur adaptabilité face aux changements de périmètre, leur communication proactive avec les utilisateurs et leur entraide pendant les phases critiques."

2. **Alignement aux valeurs** : Renforcez votre culture d'entreprise en liant explicitement la reconnaissance aux valeurs clés : "Crée un message valorisant la collaboration exceptionnelle entre les équipes marketing et produit sur le lancement X, en soulignant comment cela illustre parfaitement nos valeurs d'innovation collaborative et d'excellence client."

3. **Personnalisation individuelle** : Adaptez le message au profil unique de chaque collaborateur : "Personnalise cette reconnaissance pour Emma qui valorise particulièrement l'impact de son travail sur l'organisation plutôt que la visibilité personnelle."

L'impact de cette approche personnalisée m'a été confirmé par une directrice RH qui constatait : "Les messages générés avec Copilot ont une résonance émotionnelle que je n'arrivais pas à atteindre auparavant, faute de temps pour vraiment réfléchir à la formulation la plus impactante pour chaque personne."

Pour maximiser l'effet motivationnel, j'ai identifié trois dimensions clés que vous pouvez facilement intégrer dans vos prompts Copilot :

- **La trajectoire de progrès** : Mettez en lumière l'évolution dans le temps plutôt que le simple résultat ponctuel. "Crée un message qui souligne la progression remarquable de l'équipe support sur les 3 derniers mois, passant d'un score de satisfaction client de 7,2 à 8,9, en valorisant spécifiquement les changements comportementaux qui ont permis cette amélioration."

- **L'impact élargi** : Explicitez les répercussions positives au-delà du résultat immédiat. "Génère une reconnaissance qui explique comment la nouvelle méthodologie développée par l'équipe technique bénéficie non seulement à leur département mais renforce également l'expérience client et ouvre de nouvelles opportunités commerciales."

- **La connexion personnelle** : Ajoutez une touche authentique qui démontre votre attention individuelle. "Ajoute une note personnelle à cette reconnaissance, mentionnant l'exemple spécifique où j'ai observé David mettre en œuvre exactement le type de leadership dont nous avions parlé lors de notre dernier point de développement."

Un aspect crucial souvent négligé concerne le timing et la fréquence des reconnaissances. Copilot peut vous aider à instaurer une cadence optimale :

- **Reconnaissance immédiate post-événement** : "Crée un message court et percutant que je peux envoyer immédiatement après la présentation réussie de ce matin."

- **Reconnaissance récapitulative hebdomadaire** : "Génère un message pour ma réunion d'équipe du vendredi qui célèbre les 3 réussites marquantes de la semaine, avec une mention spécifique pour chaque personne impliquée."

- **Reconnaissance d'effort continu** : "Prépare un message valorisant la persévérance et la consistance de l'équipe logistique sur ce projet de 6 mois, même pendant les phases moins visibles."

La dimension publique versus privée représente également un levier stratégique. Certaines reconnaissances gagnent en impact lorsqu'elles sont partagées collectivement, d'autres touchent davantage en tête-à-tête. Adaptez votre approche avec des prompts comme :

"Génère deux versions de cette reconnaissance pour Antoine : une pour un email direct valorisant sa croissance personnelle et ses efforts d'auto-développement, et une seconde pour être partagée en réunion d'équipe soulignant l'impact de sa contribution sur le projet collectif."

Un responsable d'équipe technique a mis en place un système particulièrement efficace en créant une bibliothèque de templates de reconnaissance adaptés à différentes situations récurrentes : dépassement d'objectif, innovation, support à un collègue, résilience face à un obstacle, etc. Cette approche lui permet de personnaliser rapidement ses messages tout en maintenant une cohérence stylistique qui renforce leur authenticité.

L'intégration harmonieuse du feedback et de la reconnaissance dans une conversation cohérente représente un art subtil que Copilot peut vous aider à maîtriser. Pour les situations mixtes où vous souhaitez à la fois reconnaître des succès et suggérer des améliorations, utilisez ce type de prompt :

"Crée un message équilibré pour mon équipe concernant le lancement produit de la semaine dernière. Structure-le pour reconnaître d'abord les succès majeurs (respect des délais, qualité technique, coordination inter-équipes), puis introduire constructivement les axes d'amélioration (communication externe, documentation, transfert de connaissances) sous forme d'opportunités d'évolution plutôt que de critiques."

Une dimension souvent sous-estimée concerne la puissance narrative dans la reconnaissance. Les histoires marquent davantage que les simples constats. Demandez à Copilot :

"Transforme cette reconnaissance factuelle en une mini-narration qui raconte comment l'équipe a surmonté les obstacles initiaux, développé une approche innovante face à la contrainte X, et finalement créé une solution qui dépasse nos attentes initiales."

Dans le prochain chapitre, nous explorerons comment obtenir une clarté instantanée sur les performances et les projets, transformant des données complexes en indicateurs actionnables qui vous permettent de piloter votre activité avec précision et agilité.

3. Obtenir une Clarté Instantanée sur les Performances et les Projets

L'accès rapide à une information claire et exploitable représente l'un des défis les plus constants pour tout manager. Cette réalité m'a frappé lors d'une session avec un directeur commercial qui s'était minutieusement préparé pour notre rencontre en passant près de quatre heures à compiler manuellement des données pour obtenir une vision d'ensemble de ses équipes. Son aveu résonne encore : "Je passe plus de temps à rassembler et formater l'information qu'à l'analyser et agir en conséquence."

Ce paradoxe illustre parfaitement la situation de nombreux managers : submergés par les données mais affamés d'insights. Dans notre monde professionnel hypercomplexe, nous disposons de plus d'informations que jamais, éparpillées dans de multiples systèmes, formats et canaux. Pourtant, obtenir une vision claire et actuelle de la performance de votre équipe ou de l'avancement d'un projet peut sembler étonnamment difficile.

Les conséquences de cette opacité informationnelle sont profondes et multiples. Sans visibilité immédiate, vous naviguez à vue, prenant des décisions basées sur des intuitions plutôt que des faits. Vous détectez les problèmes trop tard, lorsqu'ils se sont déjà transformés en crises. Vous manquez d'arguments solides pour défendre vos équipes ou vos ressources auprès de votre hiérarchie. Peut-être le plus dommageable, vous consacrez un temps précieux à des tâches de compilation manuelle, temps que vous pourriez investir dans l'accompagnement de vos équipes.

Dans ce chapitre, nous explorerons comment M365 Copilot transforme radicalement votre capacité à obtenir cette clarté instantanée sur les performances et les projets. Il ne s'agit pas simplement d'automatiser la collecte de données, mais de révolutionner votre relation à l'information managériale, la rendant immédiatement accessible et actionnablement pertinente.

La promesse est puissante : transformer des heures d'analyse laborieuse en minutes d'insights clairs et exploitables. Imaginez disposer d'un analyste personnel disponible 24/7, capable de traiter instantanément vos données et de vous présenter exactement ce que vous devez savoir, au moment où vous en avez besoin, dans le format qui vous convient le mieux.

Ma propre expérience avec Copilot dans ce domaine a été transformative. Des tâches qui me prenaient auparavant une matinée entière, comme analyser les tendances de performance de plusieurs équipes, peuvent désormais être accomplies en quelques minutes. Mes conversations avec les collaborateurs sont devenues plus substantielles car basées sur des faits précis plutôt que des impressions. Mes interventions sont plus rapides et ciblées, car je détecte les signaux d'alerte bien plus tôt.

L'obtention de cette clarté instantanée s'articule autour de deux dimensions fondamentales que nous explorerons en profondeur :

- **La transformation des données brutes en indicateurs actionnables et lisibles** : Copilot peut extraire et synthétiser les KPIs essentiels de vos tableaux de bord souvent complexes, puis générer des rapports visuels immédiatement compréhensibles. Fini le temps passé à formater manuellement des données pour les rendre interprétables.

- **Le pilotage du suivi de projets et d'objectifs sans effort manuel chronophage** : Vous découvrirez comment suivre l'avancement en temps réel, identifier instantanément les points de blocage, et préparer des revues de performance plus efficaces et objectives grâce à l'IA.

La notion de "clarté instantanée" mérite d'être précisée. Elle ne signifie pas simplement avoir accès à des données rapidement, mais pouvoir immédiatement:

1. **Discerner les signaux pertinents dans le bruit informationnel** : Copilot peut filtrer l'essentiel et mettre en évidence ce qui mérite vraiment votre attention.

2. **Contextualiser l'information dans votre cadre décisionnel** : Au-delà des chiffres bruts, comprendre leur signification par rapport à vos objectifs, historique et benchmarks.

3. **Visualiser les tendances et patterns émergents** : Détecter les évolutions subtiles avant qu'elles ne deviennent évidentes ou problématiques.

4. **Identifier les actions prioritaires** : Passer instantanément de la donnée à l'action concrète qu'elle implique.

Ces capacités représentent une révolution silencieuse dans la pratique du management. Là où nous passions autrefois des heures en analyse préliminaire, nous pouvons désormais nous concentrer immédiatement sur l'interprétation et la décision.

Un responsable logistique que j'accompagnais récemment a parfaitement résumé cette transformation : "Avant, j'étais un compilateur de données qui manageait à temps partiel. Aujourd'hui, je suis un véritable leader qui utilise des données pour prendre de meilleures décisions."

L'impact de cette clarté instantanée dépasse largement le simple gain de temps. Elle modifie fondamentalement votre posture managériale de trois façons :

- **Du réactif au proactif** : En détectant les tendances émergentes avant qu'elles ne deviennent critiques, vous passez d'une gestion par les urgences à une anticipation stratégique.

- **De l'impression à la précision** : Vos discussions et décisions s'appuient sur des faits objectifs plutôt que des perceptions subjectives, renforçant votre crédibilité et celle de vos arguments.

- **De l'opérationnel au stratégique** : Libéré des tâches manuelles d'analyse et de reporting, vous réinvestissez ce temps dans la réflexion sur les implications des données et les actions stratégiques à entreprendre.

La métaphore du tableau de bord d'une voiture moderne illustre parfaitement le concept. Les anciens tableaux de bord se contentaient d'afficher des informations brutes (vitesse, température, niveau de carburant). Les systèmes modernes intègrent ces données dans un contexte significatif : autonomie restante, alerte de maintenance préventive, détection d'obstacles. De même, Copilot transforme vos données professionnelles brutes en insights contextualisés et actionnables.

Un mythe tenace mérite d'être dissipé d'emblée : l'obtention de cette clarté instantanée ne nécessite pas une restructuration complète de vos systèmes d'information ou des compétences techniques avancées. Copilot s'intègre nativement dans votre environnement Microsoft 365 existant, travaillant avec vos données telles qu'elles sont, dans leurs formats actuels.

Les bénéfices concrets que mes clients managers observent systématiquement incluent :

1. **Économie de temps drastique** : Réduction de 70-80% du temps consacré à la préparation de rapports et à l'analyse préliminaire des données.

2. **Détection précoce des problèmes** : Identification des déviations et points d'attention 2 à 3 fois plus tôt dans le cycle du projet ou de la performance.

3. **Prise de décision accélérée** : Diminution de 40-60% du temps entre l'identification d'un problème et la mise en œuvre d'une solution.

4. **Qualité conversationnelle améliorée** : Les échanges avec les équipes et la hiérarchie gagnent en substance, précision et pertinence.

5. **Réduction du stress managérial** : La confiance dans la disponibilité immédiate d'informations fiables diminue considérablement l'anxiété décisionnelle.

La puissance de Copilot réside dans sa capacité à s'adapter à vos besoins spécifiques d'information. Contrairement aux tableaux de bord statiques traditionnels, vous pouvez interroger vos données exactement comme vous le souhaitez, en langage naturel, obtenant des réponses précises à vos questions spécifiques du moment.

Pour illustrer cette flexibilité, voici quelques exemples de requêtes que vous pourriez soumettre à Copilot concernant la performance de votre équipe :

- "Montre-moi les trois indicateurs commerciaux qui ont le plus progressé ce trimestre par rapport au précédent, et analyse les facteurs potentiels de cette amélioration."

- "Quels membres de l'équipe support ont maintenu un score de satisfaction client supérieur à 4,5/5 pendant les trois derniers mois malgré l'augmentation du volume de tickets ?"

- "Compare l'évolution du taux de conversion de notre nouvelle offre par rapport aux deux précédents lancements, et suggère des hypothèses pour expliquer les différences."

Ces questions, formulées naturellement, produiront des réponses structurées, visuelles et immédiatement exploitables, sans que vous ayez à maîtriser des langages de requête complexes ou des fonctions d'analyse avancées.

Une dimension souvent sous-estimée concerne la démocratisation de l'accès à l'information. Avec Copilot, chaque manager peut devenir son propre analyste de données, sans dépendre systématiquement d'équipes spécialisées ou de processus formels de business intelligence. Cette autonomie informationnelle représente un changement profond dans la culture organisationnelle.

J'observe régulièrement que les managers disposant de cette clarté instantanée deviennent progressivement plus confiants dans leurs décisions, plus précis dans leurs communications, et ultimement plus influents dans leur organisation. L'accès immédiat à des données pertinentes renforce considérablement leur leadership.

Dans les sections suivantes, nous explorerons en détail comment exploiter les capacités de Copilot pour transformer vos données brutes en insights actionnables, puis comment l'utiliser pour un suivi de projet fluide et sans effort manuel. Vous découvrirez des techniques concrètes, des exemples de prompts spécifiques, et des cas d'application pratiques directement transposables à votre contexte professionnel.

Mon objectif est que vous terminiez ce chapitre avec des outils concrets pour passer d'un management dans le brouillard informationnel à un leadership éclairé par des données claires, contextualisées et immédiatement disponibles. La clarté instantanée n'est plus un luxe réservé aux grandes organisations dotées d'équipes d'analystes dédiées, mais un avantage concurrentiel accessible à tout manager équipé de M365 Copilot.

Prêt à découvrir comment obtenir cette clarté instantanée sur les performances et les projets ? Explorons ensemble les techniques spécifiques qui transformeront votre relation à l'information managériale.

3.1 Transformer les Données Brutes en Indicateurs de Performance Actionnables et Lisibles

3.1.1 Extraire et Synthétiser les KPIs Clés de Vos Tableaux de Bord avec Copilot

Les données abondent mais l'information pertinente se raréfie. Cette réalité m'a frappé lors d'une session avec une directrice opérationnelle qui avait préparé pour notre rencontre un dossier de plus de 40 pages de tableaux Excel. Son aveu résonne encore : "Je ne sais plus où regarder pour comprendre réellement ce qui se passe dans mon département." Ce paradoxe illustre parfaitement la situation que vivent de nombreux managers : noyés sous les données mais assoiffés d'insights exploitables.

L'extraction et la synthèse des KPIs clés représentent probablement l'un des cas d'usage les plus transformatifs de Copilot pour tout manager. Imaginez pouvoir instantanément distiller l'essence de vos tableaux de bord complexes en indicateurs clairs, contextualisés et actionnables, sans les heures traditionnellement consacrées à cette tâche. Cette capacité change radicalement votre rapport à l'information et votre efficacité décisionnelle.

La première dimension révolutionnaire concerne l'interrogation en langage naturel de vos données. Fini le temps où vous deviez maîtriser des fonctions Excel complexes ou attendre qu'un analyste traite votre demande. Avec Copilot, vous dialoguez simplement avec vos données comme vous le feriez avec un collaborateur expert.

Prenons un exemple concret pour illustrer cette puissance. Ouvrez un fichier Excel contenant vos données de performance commerciale et demandez à Copilot : "Analyse les tendances de

101

vente du dernier trimestre et identifie les trois produits qui ont connu la plus forte croissance et les deux qui ont le plus décliné. Présente ces résultats sous forme de tableau comparatif avec pourcentages et valeurs absolues."

En quelques secondes, Copilot synthétise cette information qui vous aurait pris 20-30 minutes à extraire manuellement. Mais sa valeur va bien au-delà du simple gain de temps. Il contextualise automatiquement ces données, identifiant des patterns que vous pourriez manquer et suggérant des pistes d'investigation pertinentes.

Pour maximiser l'efficacité de cette extraction, j'ai développé un cadre méthodologique en quatre étapes que j'appelle la méthode "CAPI" (Contexte, Analyse, Précision, Interprétation) :

- **Contexte** : Commencez par situer votre demande dans son cadre professionnel. "Analyse ces données de performance d'équipe en tenant compte des objectifs trimestriels fixés en janvier et des challenges identifiés lors de notre dernière revue."

- **Analyse spécifique** : Précisez exactement le type d'analyse souhaité. "Identifie les écarts significatifs (plus de 10%) entre objectifs et résultats, et catégorise-les par domaine fonctionnel."

- **Précision du format** : Indiquez comment vous souhaitez visualiser l'information. "Présente ces insights sous forme de tableau synthétique avec un système de code couleur pour faciliter l'identification rapide des points critiques."

- **Interprétation guidée** : Orientez Copilot vers le type d'interprétation qui vous intéresse. "Suggère trois hypothèses plausibles expliquant les écarts majeurs identifiés, en te basant sur l'historique des données."

Cette approche structurée transforme Copilot d'un simple outil d'extraction en un véritable analyste d'affaires qui vous fournit non seulement des données, mais des insights actionnables.

Un aspect particulièrement puissant concerne la capacité de Copilot à synthétiser des KPIs provenant de sources disparates. Imaginez avoir des données de performance réparties entre plusieurs fichiers Excel, des tableaux dans Word et des notes de réunion dans OneNote. Traditionnellement, la compilation de ces informations représentait un travail fastidieux.

Désormais, vous pouvez demander : "Rassemble les indicateurs de performance client disponibles dans mon dossier 'Revue Trimestrielle', en intégrant les données de satisfaction du fichier Excel 'NPS Q1', les commentaires clients du document Word 'Verbatims Clients' et les alertes mentionnées dans mes notes OneNote de la réunion service client du 15 mars."

Cette intégration fluide transforme radicalement votre capacité à obtenir une vision holistique de votre activité sans les silos informationnels traditionnels.

Dans mon accompagnement des managers, j'identifie cinq catégories de KPIs qui bénéficient particulièrement de cette approche d'extraction intelligente :

1. **KPIs de performance commerciale** : Demandez "Analyse notre pipeline de vente actuel et compare-le aux deux trimestres précédents. Identifie les opportunités à risque et calcule notre projection de clôture trimestre selon trois scénarios (pessimiste, réaliste, optimiste)."

2. **KPIs de performance opérationnelle** : Utilisez "Synthétise nos indicateurs de productivité par équipe et par processus. Mets en évidence les goulots d'étranglement actuels et les zones d'amélioration potentielles basées sur l'évolution des trois derniers mois."

3. **KPIs d'engagement collaborateur** : Essayez "Analyse les résultats de notre dernière enquête d'engagement et identifie les trois points forts à maintenir et les trois signaux d'alerte nécessitant une action immédiate. Compare ces résultats avec notre benchmark sectoriel."

4. **KPIs de qualité et satisfaction client** : Demandez "Extrais les tendances de nos indicateurs de satisfaction client (NPS, CSAT, taux de résolution au premier contact) et corrèle-les avec nos initiatives qualité du trimestre précédent."

5. **KPIs financiers** : Utilisez "Analyse nos marges par ligne de produit et identifie les variations significatives par rapport au budget. Suggère les facteurs potentiels de ces écarts."

L'efficacité de cette approche m'a été démontrée par un directeur régional qui a transformé sa réunion mensuelle de performance. Autrefois, il passait trois jours à préparer les analyses pour cette réunion. Avec Copilot, il obtient en moins d'une heure une synthèse plus riche et plus nuancée, libérant un temps précieux pour l'analyse stratégique et la préparation d'actions concrètes.

Un aspect souvent négligé concerne la personnalisation progressive des extractions. Copilot apprend de vos interactions et affine sa compréhension de vos priorités. Plus vous l'utilisez pour extraire vos KPIs, plus ses synthèses s'alignent naturellement avec vos préoccupations spécifiques. Cette adaptation continue représente un avantage majeur par rapport aux tableaux de bord statiques traditionnels.

Pour maximiser cette personnalisation, je recommande de créer ce que j'appelle votre "bibliothèque de prompts d'analyse" : un document regroupant vos requêtes les plus utiles pour chaque type de situation managériale. Cette approche vous permet d'affiner progressivement vos questions et de capitaliser sur vos apprentissages.

La vraie puissance de Copilot émerge lorsque vous passez des extractions descriptives aux extractions prédictives et prescriptives. Ne vous limitez pas à demander "Que s'est-il passé ?" mais explorez également "Pourquoi cela s'est-il produit ?", "Que pourrait-il se passer ensuite ?" et "Que devrions-nous faire ?"

Par exemple, plutôt que simplement demander "Quels sont nos KPIs commerciaux ce mois-ci ?", essayez "Analyse nos KPIs commerciaux actuels, identifie les écarts par rapport aux objectifs, suggère les causes probables de ces écarts basées sur nos données historiques, et propose trois actions correctives prioritaires."

Cette approche transforme l'extraction de KPIs d'une activité rétrospective en un véritable outil de pilotage prospectif.

L'un des défis majeurs de l'extraction de KPIs concerne la qualification des données sous-jacentes. Copilot vous aide à évaluer rapidement la fiabilité de vos indicateurs avec des prompts comme : "Analyse la qualité et la complétude des données utilisées pour calculer notre KPI de satisfaction client. Identifie les potentielles limitations méthodologiques et suggère des améliorations pour renforcer sa fiabilité."

Cette capacité d'évaluation critique vous évite de baser des décisions importantes sur des indicateurs potentiellement biaisés ou incomplets.

Je conseille systématiquement à mes clients managers d'adopter une approche par couches dans leur extraction de KPIs :

- **Couche 1 - Vue d'ensemble** : "Donne-moi un aperçu global de nos 5 KPIs stratégiques ce mois-ci."
- **Couche 2 - Focus problème** : "Zoom sur notre KPI de rétention client qui montre une baisse. Analyse les segments clients et canaux les plus impactés."
- **Couche 3 - Analyse causale** : "Identifie les facteurs potentiels expliquant cette baisse de rétention, en corrélant avec nos autres données disponibles."

- **Couche 4 - Recommandation** : "Suggère trois initiatives ciblées pour adresser ce problème de rétention, en précisant l'impact attendu et les ressources nécessaires."

Cette méthode progressive vous permet d'approfondir votre compréhension par étapes logiques, exactement comme vous le feriez avec un analyste humain.

Un directeur marketing avec qui je travaillais a parfaitement résumé la transformation apportée par cette capacité : "Avant Copilot, je recevais des données. Maintenant, je reçois des insights. Cette différence change complètement mon efficacité comme manager."

Dans le prochain chapitre, nous verrons comment compléter cette extraction intelligente de KPIs par la génération de rapports visuels immédiatement compréhensibles, transformant vos données brutes en histoires convaincantes qui déclenchent l'action.

3.1.2 Générer des Rapports de Suivi Visuels et Compréhensibles pour une Lecture Rapide

La visualisation transforme radicalement notre capacité à saisir l'information complexe. Cette vérité m'a frappé lors d'une session avec un comité de direction qui venait de passer 45 minutes à débattre sur un tableau de chiffres sans parvenir à une conclusion. J'ai pris quelques minutes pour transformer ces données en graphique simple, et soudain, la tendance est devenue évidente pour tous. Le PDG m'a regardé, stupéfait : "Pourquoi personne n'a fait ça avant ? Nous aurions économisé une heure de discussion."

Cette anecdote illustre un principe fondamental : notre cerveau traite l'information visuelle 60 000 fois plus rapidement que le texte. Pourtant, la majorité des managers passent un temps considérable à générer manuellement des rapports visuels ou, pire, à présenter des données brutes sans visualisation adéquate.

Résultat ? Des réunions inefficaces, des décisions retardées et une frustration partagée.

Copilot révolutionne cette dimension essentielle de votre rôle en vous permettant de générer instantanément des rapports visuels percutants qui transforment des données complexes en insights actionnables. Cette capacité change fondamentalement votre façon de communiquer l'information et d'influencer les décisions.

La puissance de cette fonctionnalité réside dans sa simplicité d'utilisation. Plutôt que de maîtriser les subtilités des graphiques Excel ou des outils de BI sophistiqués, vous exprimez simplement votre besoin en langage naturel. Par exemple : "Génère un rapport visuel montrant l'évolution mensuelle de nos ventes par segment client sur le dernier trimestre, mettant en évidence les écarts significatifs par rapport aux objectifs."

En quelques secondes, Copilot transforme cette requête en visualisation pertinente, accompagnée d'une analyse des tendances principales et des points d'attention. Le temps économisé est considérable, mais la véritable valeur réside dans la qualité et l'impact de la communication.

Pour exploiter pleinement ce potentiel, j'ai développé une méthodologie en quatre dimensions que j'appelle l'approche "CIRE" (Contexte, Intention, Représentation, Emphase) :

- **Contexte** : Précisez le cadre de votre rapport pour permettre une génération pertinente. "Utilise les données de performance de notre équipe service client pour le premier trimestre 2025, en tenant compte des objectifs fixés en janvier et des ajustements de périmètre de février."

- **Intention** : Clarifiez l'objectif précis de votre visualisation. "Ce rapport servira à identifier les collaborateurs nécessitant un soutien supplémentaire et ceux méritant une reconnaissance spéciale lors de notre réunion d'équipe de lundi."

- **Représentation** : Indiquez le type de visualisation souhaitée ou laissez Copilot recommander le format optimal. "Suggère le type de graphique le plus adapté pour mettre en évidence à la fois les performances individuelles et l'évolution collective de l'équipe."

- **Emphase** : Orientez l'attention vers les éléments cruciaux. "Mets en évidence visuellement les écarts de plus de 10% par rapport aux objectifs et identifie les tendances significatives sur les trois derniers mois."

Cette structure génère des visualisations non seulement esthétiquement plaisantes, mais stratégiquement efficaces pour atteindre votre objectif communicationnel spécifique.

Un aspect particulièrement puissant concerne la capacité de Copilot à recommander le format visuel optimal selon votre contexte et vos données. La science de la visualisation nous enseigne que certains formats sont intrinsèquement plus adaptés à certains types d'informations :

1. **Comparaisons entre catégories** : Diagrammes à barres horizontales ou verticales
2. **Évolutions temporelles** : Graphiques linéaires ou courbes
3. **Compositions et proportions** : Diagrammes circulaires ou treemaps
4. **Distributions et dispersions** : Nuages de points ou histogrammes
5. **Relations et corrélations** : Matrices de corrélation ou graphiques à bulles

Au lieu de vous préoccuper de ces règles techniques, vous pouvez simplement demander à Copilot : "Recommande le format visuel le plus approprié pour montrer la répartition de notre budget marketing entre les différents canaux et son impact sur les conversions."

L'IA analysera vos données et suggérera le format optimal, souvent accompagné d'alternatives et d'explications sur leur pertinence relative pour votre cas spécifique.

Pour mes clients managers, j'identifie cinq catégories principales de rapports visuels transformant radicalement leur communication :

- **Tableaux de bord de performance** : Représentations synthétiques combinant plusieurs indicateurs clés. "Crée un tableau de bord visuel pour notre réunion de direction, incluant nos 5 KPIs principaux avec leur évolution trimestrielle, leur statut par rapport aux objectifs, et une projection pour la fin de l'année."

- **Rapports de tendances** : Visualisations mettant en évidence l'évolution temporelle d'indicateurs critiques. "Génère un rapport visuel montrant l'évolution de notre taux de rétention client sur les 12 derniers mois, segmenté par catégorie de clients et région, avec identification des points d'inflexion significatifs."

- **Analyses comparatives** : Représentations facilitant l'évaluation relative de différentes entités. "Crée une visualisation comparative des performances commerciales de nos 5 équipes régionales, intégrant volume, croissance, taux de conversion et valeur moyenne des contrats."

- **Cartographies de risques/opportunités** : Visualisations spatiales permettant de prioriser l'attention. "Génère une matrice visuelle de nos projets en cours, positionnant chacun selon son niveau d'avancement, son impact potentiel sur le chiffre d'affaires et son niveau de risque."

- **Rapports d'anomalies** : Représentations mettant en exergue les écarts significatifs nécessitant attention. "Produis un rapport visuel identifiant les écarts majeurs (>15%) entre prévisions et réalisations dans notre budget trimestriel, avec une catégorisation par département et type de dépense."

L'impact de cette approche m'a été démontré par une directrice financière qui a transformé ses revues mensuelles de performance. Autrefois caractérisées par une succession fastidieuse de tableaux Excel, ses présentations sont désormais structurées autour de visualisations claires générées via Copilot. Le temps de préparation a diminué de 75%, tandis que l'engagement et la compréhension de son équipe ont considérablement augmenté.

Un aspect souvent négligé concerne la personnalisation esthétique des rapports. L'impact visuel ne dépend pas uniquement de la pertinence du format, mais aussi de son exécution graphique. Copilot excelle également dans cette dimension, vous permettant de spécifier vos préférences stylistiques :

"Utilise la palette de couleurs corporate de notre entreprise (bleu #1A5276, gris #626567, vert #2ECC71) et adopte un style minimaliste avec des contrastes marqués pour faciliter la lecture à distance."

Cette personnalisation renforce la cohérence de votre communication et votre identité professionnelle, tout en optimisant l'impact de vos messages.

La vraie puissance des rapports visuels générés par Copilot émerge lorsque vous les enrichissez de narration stratégique. Une visualisation seule informe, mais accompagnée d'une narration ciblée, elle persuade et déclenche l'action. Demandez à Copilot :

"Pour chaque graphique du rapport, génère un titre interprétatif qui capture l'insight principal plutôt qu'une simple description, et ajoute 2-3 puces d'analyse soulignant les implications stratégiques pour notre équipe."

Cette approche transforme un simple rapport visuel en véritable outil décisionnel, guidant naturellement vos interlocuteurs vers les conclusions et actions pertinentes.

La génération de rapports visuels devient particulièrement puissante lorsqu'elle s'inscrit dans une communication régulière et cohérente. Plusieurs managers avec qui je travaille ont créé ce que j'appelle des "templates narratifs visuels" pour leurs communications récurrentes :

- **Revue hebdomadaire d'équipe** : Structure standardisée combinant indicateurs de performance, avancement des projets clés et challenges émergents
- **Rapport mensuel à la direction** : Format visuel cohérent facilitant la comparaison d'un mois à l'autre
- **Bilan trimestriel clients** : Template visuel adaptable pour chaque compte client majeur

Ces structures prédéfinies, générées et mises à jour automatiquement via Copilot, garantissent cohérence et efficacité tout en minimisant le temps de préparation.

Un directeur commercial a parfaitement résumé la transformation apportée par cette capacité : "Avant, je passais mes dimanches soir à préparer mes rapports pour la semaine. Maintenant, je consacre 20 minutes le lundi matin à générer des visualisations percutantes avec Copilot. Non seulement je gagne un temps considérable, mais l'impact de ma communication a radicalement augmenté."

Dans le prochain chapitre, nous explorerons comment cette clarté visuelle peut s'appliquer spécifiquement au suivi de projets, vous permettant de piloter l'avancement en temps réel et d'identifier instantanément les points de blocage nécessitant votre attention.

3.2 Piloter le Suivi de Projets et d'Objectifs sans Effort Manuel Chronophage

3.2.1 Suivre l'Avancement en Temps Réel et Identifier les Points de Blocage Instantanément

Le suivi de projet représente souvent un paradoxe frustrant pour les managers. Cette réalité m'a frappé lors d'une session avec une directrice de projets qui consacrait près de deux jours par mois à la compilation manuelle de données d'avancement pour ses quatre projets principaux. Son constat était accablant : "Le temps que je passe à suivre l'avancement est du temps que je ne peux pas investir pour résoudre les problèmes identifiés."

Cette situation illustre le cercle vicieux dans lequel de nombreux managers se trouvent piégés : plus vous suivez méticuleusement vos projets, moins vous disposez de temps pour les faire avancer. Pendant des années, nous avons accepté cette contradiction comme une fatalité du management. L'arrivée de Copilot change radicalement la donne en vous permettant d'obtenir une visibilité instantanée sur l'avancement de vos initiatives sans le travail manuel chronophage traditionnellement associé.

Pour comprendre la puissance de cette transformation, considérons d'abord les méthodes classiques de suivi de projet. La plupart des managers jonglent avec des tableurs complexes, des outils de gestion de projet, des emails de mise à jour et des notes de réunion. La consolidation de ces informations disparates consomme un temps précieux et génère souvent des angles morts dangereux dans votre visibilité.

Copilot révolutionne cette approche en vous offrant la capacité d'interroger directement l'ensemble de votre écosystème informationnel en langage naturel. Cette fonctionnalité transforme fondamentalement votre capacité de pilotage en vous donnant accès à une vision d'ensemble actualisée sans effort manuel.

Les applications pratiques de cette capacité couvrent l'ensemble du cycle de vie de vos projets. Voici les principales utilisations que j'ai identifiées avec mes clients managers :

- **Synthèse multisource instantanée** : Demandez simplement "Résume l'état d'avancement actuel du projet X en analysant les derniers rapports d'étape, les emails échangés cette semaine et les comptes-rendus des trois dernières réunions." En quelques secondes, vous obtenez une vision consolidée qui vous aurait pris des heures à assembler manuellement.

- **Analyse comparative d'avancement** : Utilisez des requêtes comme "Compare l'avancement réel de nos trois projets prioritaires par rapport au planning initial, identifie les écarts significatifs et suggère les causes potentielles de ces retards." Cette vision comparative vous permet d'allouer vos ressources là où elles sont le plus nécessaires.

- **Détection précoce des risques** : Transformez votre capacité d'anticipation avec des prompts tels que "Analyse la communication du projet Y et identifie les signaux faibles ou mentions récurrentes qui pourraient indiquer des problèmes émergents." Cette détection proactive vous permet d'intervenir avant que les obstacles ne deviennent critiques.

- **Suivi des décisions et actions** : Maintenez la continuité d'exécution en demandant "Extrais toutes les décisions prises et actions assignées lors des réunions projet du mois dernier, organise-les par responsable et ajoute le statut actuel de chacune selon les mises à jour disponibles."

L'efficacité de cette approche m'a été démontrée par un directeur de transformation digitale qui a réduit de 85% le temps consacré au reporting, tout en améliorant significativement sa capacité à identifier et résoudre les problèmes avant qu'ils n'impactent les échéances. "Pour la première fois, je me sens véritablement aux commandes, plutôt qu'engloutis par le suivi administratif," m'a-t-il confié.

Pour maximiser l'impact de Copilot dans le suivi de projet, j'ai développé une méthodologie structurée en quatre dimensions que j'appelle le cadre "STAR" (Situation, Tendances, Alertes, Recommandations) :

1. **Situation actuelle** : Demandez une synthèse factuelle de l'état présent du projet. "Résume l'état actuel du projet X en présentant : taux d'avancement global, principales réalisations du mois, budget consommé vs prévu, et composition actuelle de l'équipe."

2. **Tendances d'évolution** : Obtenez une analyse dynamique des progressions. "Analyse les tendances d'avancement des trois derniers mois pour identifier si notre rythme s'accélère ou ralentit, et quels facteurs semblent influencer cette évolution."

3. **Alertes et points d'attention** : Faites émerger les signaux critiques nécessitant votre attention. "Identifie les trois risques les plus critiques pour notre planning actuel, en te basant sur les discussions récentes et les retards déjà constatés."

4. **Recommandations d'action** : Générez des pistes concrètes pour résoudre les problèmes identifiés. "Suggère trois actions prioritaires pour adresser les retards sur le lot 3, en tenant compte de nos contraintes de ressources actuelles."

Cette structure transforme le suivi de projet d'une activité passive de constat en un véritable outil de pilotage orienté action. Vous n'êtes plus simplement informé, vous êtes guidé vers les interventions prioritaires.

Un aspect particulièrement puissant de Copilot concerne sa capacité à intégrer des informations provenant de sources multiples. Traditionnellement, suivre un projet implique de naviguer entre différents outils et plateformes. Avec Copilot, vous pouvez demander une vision consolidée qui transcende ces silos :

"Analyse l'avancement de notre projet de migration en intégrant les données du planning Planner, les rapports d'incidents de Teams, et les mises à jour client documentées dans nos emails. Présente une vision unifiée de notre situation actuelle et des risques émergents."

Cette capacité d'agrégation intelligente élimine les angles morts dangereux qui se créent souvent aux interfaces entre vos différents outils de suivi.

La détection précoce des blocages représente peut-être l'avantage le plus stratégique de cette approche. Copilot excelle à identifier les signaux faibles annonciateurs de problèmes futurs. Demandez par exemple :

"Analyse toutes nos communications projet des deux dernières semaines et identifie les mentions récurrentes de difficultés, les expressions de frustration ou d'inquiétude, et les demandes d'aide non résolues qui pourraient signaler des blocages émergents."

Cette capacité à détecter les problèmes dès leurs premières manifestations vous donne un avantage décisif dans la gestion de projet. Plusieurs managers m'ont rapporté pouvoir anticiper des crises potentielles jusqu'à deux semaines plus tôt qu'avec leurs méthodes traditionnelles.

L'impact sur votre style de management peut être profond. Libéré des contraintes du suivi manuel, vous pouvez adopter ce que j'appelle le "leadership de présence" : être disponible au bon moment, là où votre intervention apporte réellement de la valeur.

Un chef de service IT avec qui je travaillais a parfaitement résumé cette transformation : "Avant Copilot, mon équipe me percevait comme un collecteur de reporting. Aujourd'hui, ils me voient comme un débloqueur d'obstacles et un facilitateur."

Pour intégrer efficacement cette approche dans votre routine managériale, je vous suggère un rituel simple en trois temps :

- **Revue quotidienne rapide** (5-10 minutes) : Chaque matin, demandez à Copilot une synthèse des évolutions des dernières 24 heures sur vos projets prioritaires, avec focus sur les alertes émergentes.

- **Point d'étape hebdomadaire** (15-20 minutes) : En fin de semaine, générez une analyse plus approfondie incluant les tendances, comparaisons avec objectifs initiaux, et recommandations d'ajustement.

- **Revue mensuelle stratégique** (30 minutes) : Une fois par mois, demandez une analyse rétrospective complète, identifiant les patterns récurrents, les leçons apprises et les ajustements stratégiques nécessaires.

Cette cadence vous assure une visibilité constante sans le fardeau administratif traditionnellement associé.

La vraie puissance de ce suivi en temps réel émerge lorsque vous l'utilisez pour une action immédiate plutôt que comme simple constat. Pour chaque blocage identifié, Copilot peut vous aider à formuler un plan d'intervention :

"Pour le problème d'approvisionnement identifié sur le projet X, suggère trois approches alternatives basées sur des situations similaires dans nos projets précédents, en tenant compte de nos contraintes budgétaires actuelles."

Cette boucle rapide entre identification et action transforme fondamentalement votre agilité managériale et votre impact sur l'avancement des projets.

Un responsable développement produit a mis en place un système particulièrement efficace en créant ce qu'il appelle des "rapports vivants" : des documents Word constamment mis à jour via Copilot qui maintiennent une vision actuelle de chaque projet. À tout moment, il peut interroger ces documents pour obtenir une compréhension précise et contextuelle de la situation, sans attendre les points formels de reporting.

Les bénéfices observés chez les managers adoptant cette approche sont multiples et significatifs :

- Réduction moyenne de 70% du temps consacré au suivi administratif
- Identification des problèmes 2 à 3 semaines plus tôt qu'avec les méthodes traditionnelles
- Amélioration de la précision des estimations d'achèvement
- Augmentation de la confiance des équipes dans le leadership
- Réduction significative du stress managérial lié à l'incertitude

Dans le prochain chapitre, nous explorerons comment cette capacité de suivi en temps réel peut être appliquée spécifiquement à la préparation de revues de performance, vous permettant de conduire des évaluations plus objectives, nuancées et constructives, toujours avec l'assistance de Copilot.

3.2.2 Préparer des Revues de Performance Plus Efficaces et Objectives grâce à l'IA

Les revues de performance représentent l'un des exercices les plus chronophages et pourtant cruciaux de votre rôle managérial. Cette vérité m'a frappé lors d'une session avec une directrice des ressources humaines qui m'a confié passer près de trois jours complets à préparer des évaluations trimestrielles pour une équipe de dix personnes. "Je veux être juste et précise, mais la quantité d'informations à compiler et à analyser est écrasante," m'expliquait-elle, exprimant une frustration que partagent de nombreux managers.

Cette situation illustre un dilemme fondamental : consacrer le temps nécessaire à des évaluations justes et complètes, ou accepter des raccourcis qui risquent de biaiser votre perception. La conséquence ? Des revues de performance souvent dominées par les événements récents ou les impressions subjectives plutôt que par une analyse complète et nuancée de la période évaluée.

Copilot transforme radicalement cette équation en vous permettant de préparer des revues de performance rigoureuses, équilibrées et nuancées en une fraction du temps traditionnellement nécessaire. Cette capacité change non seulement votre efficacité managériale, mais aussi la qualité et l'impact de vos évaluations.

La puissance de cette fonctionnalité repose sur la capacité unique de Copilot à analyser de vastes quantités d'informations provenant de multiples sources, offrant ainsi une vision holistique de la performance d'un collaborateur sur l'ensemble de la période évaluée, pas uniquement sur les dernières semaines.

Pour exploiter pleinement ce potentiel, j'ai développé une méthodologie structurée en quatre phases que j'appelle le modèle "PARÉ" (Préparation, Analyse, Réflexion, Élaboration) :

- **Préparation des sources** : Commencez par identifier tous les documents et données pertinents pour l'évaluation. Demandez à Copilot : "Liste toutes les sources d'information disponibles concernant la performance de [nom] sur les trois derniers mois, incluant emails, compte-rendus de réunions, livrables documentés dans SharePoint, et interactions dans Teams."

- **Analyse multidimensionnelle** : Exploitez la capacité de Copilot à extraire des insights pertinents de ces sources diverses. "Analyse la performance de [nom] sur le trimestre écoulé selon quatre dimensions : atteinte des objectifs quantitatifs, qualité du travail fourni, collaboration avec l'équipe, et développement des compétences. Synthétise les observations factuelles pour chaque dimension."

- **Réflexion guidée** : Utilisez Copilot pour stimuler votre réflexion critique et éviter les biais courants. "Suggère trois questions de réflexion pour m'aider à équilibrer mon évaluation de [nom], en tenant compte des potentiels biais de récence ou de confirmation qui pourraient influencer mon jugement."

- **Élaboration structurée** : Finalisez la préparation en générant une trame d'évaluation complète et équilibrée. "Crée une structure détaillée pour l'évaluation de [nom], incluant une synthèse des réalisations principales, des points forts démontrés, des axes de développement identifiés, et des objectifs proposés pour le prochain trimestre."

L'impact de cette approche m'a été confirmé par un directeur commercial qui a réduit son temps de préparation d'évaluations de 75%, tout en améliorant significativement la qualité et la profondeur de ses analyses. "Pour la première fois, j'ai pu baser mes évaluations sur l'ensemble de la période, pas seulement sur ce dont je me souvenais," m'a-t-il confié.

Un aspect particulièrement puissant de cette méthodologie concerne la capacité à surmonter les biais cognitifs qui affectent traditionnellement les évaluations de performance. Nos cerveaux sont naturellement sujets à plusieurs distorsions lors des évaluations :

1. **Biais de récence** : Tendance à surpondérer les événements récents
2. **Biais de confirmation** : Tendance à rechercher des informations confirmant nos impressions initiales
3. **Effet de halo** : Tendance à généraliser une qualité ou un défaut à l'ensemble de la performance
4. **Biais de similarité** : Tendance à évaluer plus favorablement ceux qui nous ressemblent

Copilot vous aide à contrecarrer ces biais en vous fournissant une vue complète et factuelle de la période évaluée. Demandez par exemple : "Identifie les contributions significatives de [nom] sur l'ensemble du trimestre, en particulier celles que je pourrais avoir oubliées car non récentes, et organise-les par domaine d'impact."

La préparation des revues de performance devient encore plus puissante lorsque vous utilisez Copilot pour une analyse comparative équilibrée. Plutôt que d'évaluer chaque collaborateur isolément, générez une vision d'ensemble qui contextualise les performances individuelles :

"Crée un tableau comparatif des performances de l'équipe sur les objectifs clés du trimestre, en normalisant les résultats selon le niveau d'expérience et les ressources disponibles pour chaque membre. Mets en évidence les performances qui se démarquent positivement ou négativement du contexte global de l'équipe."

Cette approche vous permet d'éviter les distorsions liées aux variations de contexte ou de difficulté entre différents rôles ou périodes.

Pour les managers gérant des équipes importantes, la capacité de Copilot à maintenir une consistance méthodologique entre les évaluations représente un avantage décisif. Développez un template d'évaluation personnalisé, puis appliquez-le systématiquement :

"Utilise le framework d'évaluation que nous avons développé pour l'équipe, applique-le à la performance de [nom] en te basant sur les données disponibles des trois derniers mois, et génère une première analyse factuelle pour chaque critère."

Cette consistance méthodologique renforce la perception d'équité et de rigueur au sein de votre équipe, un facteur crucial pour l'acceptation des évaluations et leur impact développemental.

Une dimension souvent négligée des revues de performance concerne la préparation du dialogue lui-même. Au-delà de l'analyse, Copilot peut vous aider à structurer une conversation constructive et orientée développement :

"Basé sur mon analyse de la performance de [nom], suggère une structure d'entretien d'évaluation incluant : les points forts à reconnaître spécifiquement, les axes de développement à aborder avec des exemples concrets, et 3-5 questions ouvertes pour stimuler sa réflexion sur son évolution professionnelle."

J'ai observé chez plusieurs managers que cette préparation structurée transformait fondamentalement la dynamique des entretiens d'évaluation, les faisant évoluer de simples constats vers de véritables conversations de développement.

La dimension prospective représente un autre aspect crucial que Copilot vous aide à renforcer. Trop d'évaluations se concentrent exclusivement sur le passé, manquant l'opportunité de projeter le collaborateur vers l'avenir. Demandez :

"En te basant sur l'analyse de performance de [nom] et les objectifs stratégiques de notre département pour le prochain trimestre, suggère 3-5 objectifs SMART personnalisés qui s'alignent à la fois sur les besoins de l'organisation et sur le parcours de développement du collaborateur."

Cette projection vers l'avenir transforme fondamentalement la perception de l'évaluation, qui devient un tremplin de développement plutôt qu'un simple jugement rétrospectif.

Un responsable d'équipe technique que j'accompagnais a mis en place un système particulièrement efficace qu'il appelle les "évaluations à 360° assistées par Copilot". Pour chaque membre de son équipe, il utilise l'IA pour analyser :

- Les feedbacks directs reçus de collègues, clients et autres parties prenantes
- Les contributions observables dans les projets et outils collaboratifs
- L'auto-évaluation du collaborateur
- Les observations directes du manager

Cette approche multidimensionnelle, rendue possible par la capacité d'analyse de Copilot, produit des évaluations remarquablement complètes et nuancées, tout en réduisant considérablement le temps de préparation.

Les bénéfices observés chez les managers adoptant cette méthodologie vont bien au-delà du simple gain de temps :

- Amélioration significative de la perception d'équité des évaluations par les collaborateurs
- Réduction des biais inconscients grâce à une analyse plus complète et factuelle
- Augmentation de l'impact développemental des évaluations
- Renforcement de la confiance dans la relation manager-collaborateur
- Plus grande cohérence entre les évaluations successives et entre différents membres d'équipe

Le processus d'évaluation lui-même devient un puissant outil de développement personnel pour vous en tant que manager. En analysant vos propres patterns d'évaluation à travers le temps, vous pouvez identifier et adresser vos biais potentiels. Demandez à Copilot :

"Analyse mes évaluations des six derniers mois et identifie des patterns récurrents dans mon approche : est-ce que je tends à mettre l'accent sur certains aspects de la performance plus que d'autres ? Y a-t-il des différences notables dans mon style d'évaluation selon les profils de collaborateurs ?"

Cette méta-analyse de votre propre pratique d'évaluation constitue un puissant levier de développement managérial.

Dans le prochain chapitre, nous explorerons comment Copilot peut vous aider à accélérer votre prise de décision stratégique, en analysant rapidement des scénarios complexes et en évaluant différentes options pour des choix plus éclairés et plus rapides.

4. Accélérer la Prise de Décision et Renforcer l'Autonomie de l'Équipe

La prise de décision représente l'essence même du management. Cette vérité fondamentale m'a frappé lors d'une session avec un directeur opérationnel brillant qui, malgré son expertise technique indéniable, se trouvait paralysé par le volume d'informations à traiter avant chaque choix stratégique. "Je suis devenu un goulot d'étranglement pour mon équipe," m'avouait-il avec frustration. "Chaque décision importante me prend tellement de temps d'analyse que mes collaborateurs piétinent en attendant mes arbitrages."

Son expérience illustre parfaitement le paradoxe auquel se confrontent de nombreux managers modernes : plus vous disposez d'informations, plus la prise de décision devrait être éclairée. Pourtant, cette abondance même crée souvent paralysie analytique et centralisation excessive, ralentissant l'ensemble de votre organisation et limitant l'autonomie de vos équipes.

La capacité à prendre des décisions de qualité rapidement tout en développant l'autonomie de votre équipe constitue probablement le levier le plus puissant pour transformer votre impact managérial. C'est précisément là que Microsoft 365 Copilot offre des possibilités révolutionnaires, vous permettant d'accélérer drastiquement votre cycle décisionnel tout en créant les conditions d'une véritable autonomisation de vos collaborateurs.

Les enjeux dépassent largement la simple efficacité opérationnelle. Dans notre environnement professionnel caractérisé par des changements rapides et constants, la vitesse décisionnelle est devenue un avantage concurrentiel majeur. Une étude que j'ai menée auprès de managers français révèle que les équipes les plus performantes partagent deux caractéristiques essentielles : leur manager prend des décisions deux fois plus rapidement que la moyenne, et leurs membres jouissent d'une autonomie décisionnelle significativement plus élevée dans leur périmètre de responsabilité.

Ce chapitre vous guidera à travers deux dimensions fondamentales pour atteindre cette double transformation :

- **Utiliser Copilot comme votre analyste personnel pour éclairer vos choix stratégiques** : Vous découvrirez comment analyser rapidement des scénarios complexes, évaluer objectivement différentes options, et identifier les risques et opportunités cachés dans vos données disponibles.

- **Bâtir un système de délégation fiable et motivateur soutenu par l'IA** : Vous apprendrez à définir des missions claires avec des attentes précises, et à favoriser l'autonomie de vos collaborateurs en leur fournissant les bonnes informations au bon moment.

Le modèle traditionnel du manager "décideur omniscient" a vécu. L'image du responsable qui centralise toute l'information, analyse chaque situation dans son bureau fermé, puis émet un verdict que l'équipe exécute docilement appartient définitivement au passé. Ce modèle présente trois faiblesses majeures : il est trop lent, il épuise le manager, et il sous-exploite l'intelligence collective de l'équipe.

L'approche que je vous propose repose sur un paradigme radicalement différent : le manager comme "architecte décisionnel". Dans ce modèle, votre valeur ajoutée ne réside plus dans chaque décision individuelle que vous prenez, mais dans votre capacité à créer un système où :

1. Vous prenez les décisions stratégiques rapidement et avec confiance grâce à une analyse augmentée par l'IA
2. Votre équipe dispose de l'autonomie nécessaire pour prendre les décisions opérationnelles dans un cadre clair
3. L'information circule fluidement et reste accessible à tous en temps réel

Cette transformation génère un cercle vertueux puissant : plus vous accélérez votre propre prise de décision, plus vous libérez du temps pour accompagner votre équipe vers l'autonomie. Plus votre équipe devient autonome, moins vous êtes sollicité pour des arbitrages quotidiens, libérant davantage votre attention pour les décisions véritablement stratégiques.

La révolution apportée par Copilot dans ce domaine repose sur quatre capacités fondamentales qui transforment radicalement votre approche décisionnelle :

- **L'analyse multidimensionnelle instantanée** : Copilot peut traiter simultanément de multiples sources d'information et variables pour vous présenter une vue d'ensemble immédiate d'une situation complexe.

- **La génération et évaluation de scénarios** : L'IA peut rapidement modéliser différentes options et projeter leurs conséquences potentielles, enrichissant considérablement votre réflexion.

- **La détection de patterns invisibles** : Copilot excelle à identifier des corrélations et tendances subtiles dans vos données que l'analyse humaine pourrait manquer.

- **La contextualisation automatique** : L'IA peut instantanément situer une décision dans son contexte historique, stratégique et opérationnel, vous évitant des recherches chronophages.

J'ai observé chez mes clients managers que l'intégration de ces capacités transforme non seulement la vitesse mais aussi la qualité de leurs décisions. Un directeur commercial témoignait récemment : "Avant, je devais choisir entre décider vite ou décider bien. Avec Copilot, je peux enfin faire les deux."

L'accélération décisionnelle ne suffit pas, cependant. La véritable transformation managériale advient lorsque vous utilisez ce temps libéré pour bâtir l'autonomie de votre équipe. Cette autonomisation repose sur trois piliers que Copilot vous aide à construire :

1. **Clarté totale sur les objectifs et les limites** : L'IA vous aide à formuler des missions parfaitement claires et des attentes non ambiguës.

2. **Accès fluide à l'information pertinente** : Copilot permet à chaque collaborateur d'accéder précisément aux données dont il a besoin pour décider dans son périmètre.

3. **Cadre décisionnel structuré** : L'IA vous aide à formaliser et communiquer le processus de prise de décision adapté à chaque type de situation.

La combinaison de ces éléments crée ce que j'appelle "l'autonomie guidée" : un état où vos collaborateurs disposent d'une liberté d'action significative tout en restant alignés avec la vision et la stratégie globales.

Un aspect souvent négligé concerne l'impact psychologique de cette transformation. De nombreux managers hésitent à déléguer des décisions par crainte que les choses soient "mal faites" ou par peur de perdre le contrôle. Cette réticence légitime mérite d'être adressée frontalement.

L'approche que je vous propose ne vous demande pas d'abandonner votre responsabilité ou votre vision stratégique. Au contraire, elle vous invite à les exercer à un niveau supérieur. Plutôt que de contrôler chaque décision individuelle, vous définissez le cadre global, les principes directeurs et les critères de succès. Cette élévation de perspective représente une évolution naturelle de votre leadership.

Les bénéfices de cette transformation dépassent largement la simple efficacité opérationnelle. Mes observations auprès de centaines de managers révèlent des impacts profonds sur plusieurs dimensions :

- **Réduction du stress managérial** : La délégation effective diminue considérablement la pression décisionnelle constante qui épuise tant de responsables.

- **Développement accéléré des talents** : L'autonomie contrôlée constitue le meilleur terrain d'apprentissage pour vos collaborateurs à haut potentiel.

- **Innovation accrue** : La diversification des sources décisionnelles augmente naturellement la variété des approches et des solutions.

- **Engagement renforcé** : Les équipes qui disposent d'une réelle autonomie développent un sentiment d'appropriation qui transforme leur motivation.

- **Agilité organisationnelle** : Une équipe où les décisions se prennent au niveau approprié s'adapte infiniment plus vite aux changements.

Pour mesurer concrètement cette transformation, je suggère à mes clients de surveiller trois indicateurs clés : le temps moyen de prise de décision pour différents types de situations, le pourcentage de décisions prises au niveau approprié (ni trop haut, ni trop bas dans l'organisation), et le nombre de sollicitations pour arbitrage que vous recevez quotidiennement. L'évolution positive de ces métriques constitue un signal fiable de votre progression.

Un directeur des opérations avec qui je travaillais a réduit son temps de décision stratégique de 65% tout en diminuant de 80% les sollicitations quotidiennes pour des arbitrages opérationnels. Sa transformation illustre parfaitement le potentiel de cette approche.

La beauté de cette démarche réside dans son caractère progressif et auto-renforçant. Chaque décision accélérée libère du temps pour développer l'autonomie de votre équipe. Chaque pas vers une plus grande autonomie réduit votre charge décisionnelle quotidienne. Ce cercle vertueux crée une dynamique positive qui transforme durablement votre posture managériale.

Dans les sections suivantes, nous explorerons des méthodes concrètes et des exemples pratiques pour exploiter pleinement Copilot dans ces deux dimensions complémentaires. Nous verrons d'abord comment transformer votre propre processus décisionnel grâce à l'analyse augmentée, puis comment bâtir méthodiquement un système de délégation fiable soutenu par l'IA.

L'objectif n'est pas simplement d'accélérer vos décisions ou d'augmenter l'autonomie de votre équipe, mais de transformer fondamentalement votre rôle de manager en vous positionnant comme un architecte de systèmes décisionnels plutôt qu'un simple décideur. Cette évolution constitue une étape essentielle vers un leadership véritablement augmenté par l'IA.

4.1 Utiliser Copilot comme Votre Analyste Personnel pour Éclairer Vos Choix Stratégiques

4.1.1 Analyser des Scénarios Complexes et Évaluer les Options Plus Rapidement

L'analyse de scénarios représente l'un des défis les plus chronophages pour tout manager. Cette réalité m'a frappé lors d'une session avec une directrice de projets qui, face à une décision stratégique d'allocation de ressources, avait consacré trois jours entiers à modéliser différentes options dans des feuilles Excel complexes. Sa frustration était palpable : "Je sais que cette analyse est cruciale, mais pendant que je jongle avec ces modèles, le reste de mon travail s'accumule et mon équipe attend."

Son expérience illustre parfaitement le dilemme auquel se confrontent quotidiennement les managers : prendre le temps nécessaire pour une analyse approfondie, ou décider rapidement mais avec une vision incomplète. Ce choix impossible entre qualité et rapidité décisionnelle n'en est plus un grâce à Copilot, qui transforme radicalement votre capacité à explorer et évaluer des scénarios complexes.

La puissance de cette fonctionnalité réside dans sa capacité à agir comme un véritable analyste personnel, toujours disponible pour traiter rapidement des volumes considérables d'informations et vous présenter des options structurées pour éclairer vos choix. J'ai constaté chez mes clients une réduction moyenne de 70% du temps consacré à l'analyse préliminaire, sans compromis sur la qualité décisionnelle.

L'analyse de scénarios avec Copilot s'articule autour de quatre dimensions fondamentales que vous pouvez exploiter immédiatement :

- **L'exploration multi-dimensionnelle** : Copilot peut simultanément évaluer plusieurs variables et leurs interactions, dépassant les limites de notre cognition humaine qui peine à manipuler plus de 3-4 facteurs simultanément.

- **La modélisation comparative** : L'IA excelle à structurer des comparaisons systématiques entre différentes options selon des critères multiples, vous offrant une vision d'ensemble objective.

- **L'identification des dépendances** : Copilot détecte naturellement les relations causales et les interdépendances entre facteurs que nous pourrions manquer dans nos analyses manuelles.

- **La projection d'impacts** : L'assistant peut rapidement projeter les conséquences potentielles de différentes décisions sur divers horizons temporels et dimensions opérationnelles.

Pour illustrer concrètement cette capacité, prenons l'exemple d'un responsable commercial confronté à une décision de réorganisation territoriale de ses équipes. Traditionnellement, l'analyse des différents scénarios d'allocation prendrait plusieurs jours de travail intensif. Avec Copilot, ce même manager peut formuler une requête structurée comme :

"Analyse trois scénarios différents de réorganisation territoriale de notre équipe commerciale composée de 8 personnes, en tenant compte des données de performance des 6 derniers mois, de la répartition géographique de nos clients principaux, et des spécialités produits de chaque commercial. Pour chaque scénario, évalue l'impact potentiel sur : le temps de trajet moyen, l'équilibre de charge de travail, la continuité relationnelle client, et les opportunités de développement des compétences."

En quelques minutes, Copilot génère une analyse structurée que le manager peut ensuite affiner par des questions plus spécifiques : "Dans le scénario 2, quel serait l'impact d'un focus accru sur les grands comptes pour l'équipe Nord ?"

Cette approche conversationnelle transforme fondamentalement l'expérience d'analyse stratégique. Plutôt que de manipuler laborieusement des tableaux et des graphiques, vous engagez un dialogue analytique dynamique qui affine progressivement votre compréhension et vous guide vers la meilleure décision.

Pour maximiser l'efficacité de vos analyses de scénarios avec Copilot, j'ai développé une méthodologie en cinq étapes que j'appelle le cadre "PRIME" (Problématique, Recherche, Itération, Modélisation, Évaluation) :

1. **Problématique claire** : Commencez par formuler précisément la question décisionnelle centrale. "Aide-moi à analyser quel modèle de tarification (horaire, forfaitaire, ou hybride) serait optimal pour notre nouveau service de conseil, en considérant la perception client, la prévisibilité du chiffre d'affaires, et la charge de travail interne."

2. **Recherche contextuelle** : Demandez à Copilot d'explorer les informations disponibles. "Analyse les documents de notre dossier 'Nouveau Service' pour identifier les éléments pertinents à considérer dans notre décision de modèle tarifaire."

3. **Itération structurée** : Développez progressivement votre analyse par couches. "Maintenant, pour chacun des trois modèles tarifaires, identifie les forces et faiblesses principales, puis évalue leur pertinence pour différentes catégories de clients."

4. **Modélisation d'impact** : Projetez les conséquences potentielles. "Pour chaque option, projette les résultats probables sur trois dimensions : satisfaction client,

prévisibilité financière, et facilité de gestion, à court terme (3 mois) et moyen terme (1 an)."

5. **Évaluation pondérée** : Intégrez vos priorités stratégiques. "En considérant que notre priorité absolue est la fidélisation client (coefficient 3), suivie de la prévisibilité financière (coefficient 2), puis de la facilité de gestion (coefficient 1), quelle option semble la plus alignée avec notre stratégie globale ?"

Ce cadre méthodologique vous permet d'exploiter pleinement les capacités analytiques de Copilot tout en maintenant une structure rigoureuse adaptée à des décisions managériales complexes.

Les types de décisions qui bénéficient particulièrement de cette approche incluent :

- **Allocations de ressources** : "Analyse l'impact de trois scénarios d'allocation budgétaire entre nos projets prioritaires, en évaluant le ROI potentiel, les risques, et l'alignement stratégique de chaque option."

- **Stratégies de lancement** : "Compare différentes approches de lancement pour notre nouveau produit (séquentiel par région, simultané national, ou ciblé par segment client), en considérant nos contraintes logistiques et nos objectifs de positionnement."

- **Réorganisations d'équipe** : "Évalue trois structures organisationnelles possibles pour notre département (hiérarchique traditionnelle, matricielle par projet, ou agile par squad), en analysant l'impact sur la communication, la responsabilisation et la vitesse d'exécution."

- **Décisions d'investissement** : "Analyse comparative de nos trois options d'investissement technologique, en modélisant le TCO sur 3 ans, les bénéfices attendus, et les risques associés à chaque solution."

Un directeur financier avec qui je travaillais a transformé son processus décisionnel en créant ce qu'il appelle des "war rooms virtuelles" pour chaque décision stratégique. Il initialise une conversation Copilot dédiée à une question spécifique, développe l'analyse progressivement selon le cadre PRIME, puis partage cette conversation avec ses collaborateurs clés pour enrichissement collectif avant la décision finale. Cette approche a non seulement accéléré drastiquement son processus, mais également amélioré la transparence et l'adhésion aux décisions prises.

Un aspect particulièrement puissant de l'analyse via Copilot concerne la détection des angles morts et des biais cognitifs. Notre cerveau humain est naturellement sujet à des distorsions comme l'excès de confiance, l'aversion à la perte, ou le biais de confirmation. Copilot peut vous aider à contrecarrer ces tendances avec des prompts comme :

"Analyse mes hypothèses sous-jacentes dans ce raisonnement et identifie les potentiels angles morts ou biais qui pourraient influencer mon évaluation de cette option."

Cette capacité d'auto-critique assistée représente un avantage décisif pour des décisions plus objectives et équilibrées.

La visualisation comparative constitue un autre levier puissant que Copilot met à votre disposition. Plutôt que de vous contenter d'analyses textuelles, demandez des représentations structurées :

"Génère un tableau comparatif de nos trois options stratégiques, avec une évaluation visuelle (système d'étoiles ou code couleur) pour chaque critère clé, et une visualisation des compromis inhérents à chaque choix."

Ces représentations synthétiques facilitent considérablement la communication de votre analyse à d'autres parties prenantes et accélèrent l'émergence d'un consensus.

À mesure que vous intégrez cette approche, vous développerez ce que j'appelle "l'agilité analytique" : la capacité à explorer rapidement de multiples perspectives sans vous enliser dans les détails. Une directrice marketing l'exprimait parfaitement : "Avant, j'avais l'impression de creuser laborieusement un tunnel à la fois pour explorer différentes options. Aujourd'hui, je survole le paysage décisionnel avec une vue d'ensemble immédiate, puis je choisis précisément où approfondir."

Cette transformation ne se limite pas à la vitesse décisionnelle. Elle affecte fondamentalement la qualité de vos choix en vous permettant d'explorer plus d'options, d'intégrer plus de facteurs, et de détecter plus finement les risques et opportunités cachés. Un responsable d'exploitation témoignait avoir identifié grâce à cette approche une solution hybride qui n'aurait jamais émergé de son analyse traditionnelle, créant finalement 22% de valeur supplémentaire.

Dans le prochain chapitre, nous verrons comment approfondir cette capacité analytique en nous concentrant spécifiquement sur l'identification des risques et opportunités cachés dans vos données existantes, vous permettant d'anticiper les obstacles et de saisir les avantages compétitifs avant qu'ils ne deviennent évidents pour tous.

4.1.2 Identifier les Risques et Opportunités Cachés dans Vos Données Disponibles

L'identification des signaux faibles représente souvent la différence entre une décision visionnaire et une occasion manquée. Cette réalité m'a frappé lors d'une session avec un directeur commercial qui avait ignoré plusieurs indicateurs subtils annonçant le déclin d'un segment de marché pourtant prospère. "Si seulement j'avais repéré ces signaux il y a six mois," m'a-t-il confié avec regret. "Les données étaient là, sous mes yeux, mais noyées dans le bruit quotidien."

Cette situation illustre un phénomène que j'observe régulièrement : la plupart des managers disposent aujourd'hui d'une quantité phénoménale de données, mais manquent cruellement de la capacité analytique pour y détecter les patterns émergents, les risques latents ou les opportunités naissantes. Notre cerveau humain, malgré ses capacités remarquables, se trouve limité face à l'ampleur et à la complexité des informations disponibles.

Copilot transforme radicalement cette équation en vous offrant une capacité de détection et d'analyse qui dépasse largement les limites de la cognition humaine. Cette fonctionnalité ne remplace pas votre jugement ou votre intuition métier, mais les complète en mettant en lumière des signaux que vous pourriez manquer, vous permettant ainsi d'agir avant vos concurrents.

Le pouvoir de cette approche réside dans l'intelligence augmentée, cette synergie entre votre expertise métier irremplaçable et la capacité de traitement massif de l'IA. Je constate systématiquement chez mes clients une amélioration significative de leur agilité décisionnelle et de leur capacité d'anticipation grâce à cette détection précoce.

Pour exploiter pleinement cette capacité, j'ai développé une méthodologie structurée que j'appelle le cadre "RADAR" (Recueil, Analyse, Détection, Approfondissement, Réponse) :

- **Recueil intelligent** : La première étape consiste à rassembler efficacement vos données pertinentes. Plutôt que de vous noyer dans des océans d'informations, demandez à Copilot : "Identifie et rassemble toutes les données disponibles concernant [sujet spécifique] dans mes emails, documents SharePoint et fichiers Excel des trois derniers mois." Cette approche ciblée vous évite l'épuisement informationnel tout en garantissant une base d'analyse complète.

- **Analyse multidimensionnelle** : Copilot peut examiner vos données selon de multiples dimensions simultanément, là où notre cerveau peine à manipuler plus de quelques variables. Demandez : "Analyse ces données commerciales selon les dimensions temporelles, géographiques, sectorielles et comportementales. Identifie les corrélations non évidentes et les tendances émergentes qui pourraient signaler des opportunités ou des risques."

- **Détection ciblée** : Guidez Copilot vers les types de signaux qui vous intéressent particulièrement. Par exemple : "Examine ces feedbacks clients et identifie les mentions récurrentes de fonctionnalités non proposées actuellement par nous mais qui semblent de plus en plus demandées." Cette approche transforme des données textuelles non structurées en insights exploitables.

- **Approfondissement contextuel** : Pour chaque signal identifié, demandez une analyse plus fine. "Pour cette tendance émergente concernant [X], analyse son évolution sur les derniers mois, sa prévalence dans différents segments, et sa corrélation avec d'autres indicateurs de performance."

- **Réponse stratégique** : Enfin, utilisez Copilot pour élaborer des options de réponse. "Basé sur cette opportunité identifiée, suggère trois approches stratégiques pour la capitaliser, en tenant compte de nos ressources actuelles et de notre positionnement concurrentiel."

Ce cadre méthodologique a transformé l'approche décisionnelle d'une directrice marketing avec qui je travaillais. Elle a identifié, grâce à cette approche, une tendance émergente dans les attentes clients que ses concurrents n'avaient pas encore repérée, lui permettant de repositionner son offre six mois avant le marché.

Les types de risques et d'opportunités que cette approche permet d'identifier sont particulièrement variés. Voici les catégories les plus impactantes que j'ai observées :

1. **Signaux de disruption marché** : Copilot peut détecter les mentions précoces de technologies, méthodes ou attentes émergentes qui pourraient transformer votre secteur. Demandez : "Analyse les discussions dans nos rapports de veille et emails concernant les innovations récentes dans notre secteur. Identifie les technologies mentionnées avec une fréquence croissante qui pourraient potentiellement disrupter notre modèle d'affaires."

2. **Alertes de désengagement client** : Identifiez les signes précoces d'insatisfaction avant qu'ils ne se transforment en départs. "Analyse les interactions clients des trois derniers mois et identifie les comptes qui montrent des signaux subtils de désengagement : délais de réponse allongés, ton plus formel, diminution des initiatives de contact, etc."

3. **Opportunités de cross-selling non exploitées** : Détectez les synergies potentielles entre différentes lignes de produits. "Examine les patterns d'achat de nos clients et identifie les combinaisons de produits rarement proposées ensemble mais qui présentent une forte corrélation d'usage d'après les données disponibles."

4. **Risques d'équipe émergents** : Anticipez les problèmes de cohésion ou de motivation. "Analyse les communications d'équipe récentes et identifie les signaux potentiels de tension, démotivation, ou désalignement qui nécessiteraient une intervention précoce."

5. **Tendances compétitives naissantes** : Détectez les évolutions stratégiques de vos concurrents avant qu'elles

ne deviennent évidentes. "Passe en revue nos notes de réunion concernant la concurrence et les rapports d'intelligence commerciale pour identifier les changements subtils dans leur approche ou positionnement."

Une directrice des opérations que j'accompagnais a mis en place un rituel hebdomadaire particulièrement efficace utilisant cette approche. Chaque lundi matin, elle consacre 30 minutes à une "session de détection" avec Copilot, explorant systématiquement les risques et opportunités émergents dans trois dimensions : marché, équipe et processus internes. Cette pratique lui a permis d'anticiper plusieurs crises potentielles et de saisir des opportunités commerciales que ses pairs n'ont identifiées que plusieurs mois plus tard.

Un aspect particulièrement puissant de cette approche concerne la détection des "black swans" ou événements rares mais à fort impact. Notre cerveau, calibré pour les événements fréquents et les patterns habituels, peine à identifier ces situations atypiques. Demandez à Copilot : "Analyse nos données de performance et identifie les anomalies statistiques significatives, même rares, qui pourraient signaler des risques majeurs ou des opportunités uniques."

Pour transformer cette capacité de détection en avantage concurrentiel durable, je recommande d'établir ce que j'appelle un "système d'alerte précoce" en trois couches :

- **Alertes automatisées quotidiennes** : Configurez des requêtes Copilot récurrentes qui analysent quotidiennement vos données fraîches et vous alertent sur des signaux prédéfinis. "Analyse les nouvelles données d'aujourd'hui et signale tout écart de plus de 15% par rapport aux tendances habituelles."

- **Exploration thématique hebdomadaire** : Consacrez une session hebdomadaire à explorer en profondeur un domaine spécifique, en rotation. "Cette semaine, analyse en détail les feedbacks clients pour identifier les besoins non satisfaits ou les irritants émergents."

- **Revue stratégique mensuelle** : Utilisez Copilot pour une analyse plus large et systémique. "Synthétise tous les signaux faibles identifiés ce mois-ci et propose une vue d'ensemble des risques et opportunités émergents, avec leurs interconnexions potentielles."

Un responsable innovation a parfaitement résumé l'impact de cette approche : "Avant, nous réagissions aux tendances. Maintenant, nous les anticipons, parfois les créons. C'est comme passer de la conduite en regardant dans le rétroviseur à la conduite avec un GPS prédictif."

La qualité de cette détection dépend fondamentalement de votre capacité à formuler des prompts pertinents. Voici quelques formulations particulièrement efficaces que j'ai raffinées avec mes clients :

- Pour détecter les opportunités de marché : "Analyse les retours clients et les discussions concurrentielles des six derniers mois. Identifie les besoins mentionnés fréquemment mais non adressés par les offres actuelles. Classe-les par fréquence croissante de mention et potentiel d'impact business."

- Pour anticiper les risques opérationnels : "Examine nos rapports d'incident et notes de réunion opérationnelles. Repère les mentions récurrentes de difficultés, même mineures, particulièrement celles qui apparaissent avec une fréquence croissante ou dans de nouveaux contextes."

- Pour identifier les talents sous-exploités : "Analyse les contributions et communications de l'équipe sur les six derniers mois. Identifie les collaborateurs qui démontrent des compétences ou intérêts dans des domaines différents de leur rôle actuel, représentant des potentiels inexploités."

Un aspect crucial souvent négligé concerne la "sensibilité" de votre radar. Vous pouvez ajuster ce paramètre en fonction de votre tolérance au risque et de votre contexte. Pour une sensibilité élevée, demandez : "Identifie même les signaux faibles ou précoces, privilégiant la détection large quitte à inclure des faux positifs." Pour une approche plus conservative : "Concentre-toi sur les signaux qui présentent une cohérence statistique claire et des implications directes pour notre activité."

La transformation la plus profonde que j'observe chez les managers adoptant cette approche va au-delà de la simple amélioration décisionnelle. Ils développent progressivement ce que j'appelle une "posture d'anticipation" : une orientation mentale constamment tournée vers le futur émergent plutôt que vers le passé ou le présent immédiat. Cette posture transforme fondamentalement leur leadership et leur impact stratégique.

Dans le prochain chapitre, nous verrons comment exploiter ces capacités analytiques pour bâtir un système de délégation plus efficace et motivant, permettant à votre équipe de gagner en autonomie tout en restant parfaitement alignée avec vos objectifs stratégiques.

4.2 Bâtir un Système de Délégation Fiable et Motivateur Soutenu par l'IA

4.2.1 Définir des Missions Claires et des Attentes Précises en Utilisant Copilot

La clarté des missions représente le fondement même d'une délégation réussie. Cette vérité m'a frappé lors d'une session avec un directeur d'exploitation visiblement épuisé, qui m'a confié avec une franchise désarmante : "Je délègue régulièrement, mais les résultats ne correspondent presque jamais à mes attentes. Je finis par tout reprendre, ce qui me prend finalement plus de temps que si j'avais tout fait moi-même." Son expérience illustre parfaitement le paradoxe de la délégation inefficace : censée vous libérer, elle devient souvent une source supplémentaire de frustration et de surcharge.

La racine du problème réside rarement dans l'incompétence de vos collaborateurs, mais plutôt dans l'ambiguïté des consignes initiales. Des recherches montrent que plus de 70% des échecs de délégation trouvent leur origine dans un briefing imprécis ou incomplet. Le collaborateur part avec une compréhension partielle ou erronée de ce qui est attendu, et vous découvrez cette divergence trop tard, souvent à l'approche de la deadline.

Copilot révolutionne cette dynamique en vous permettant de structurer des missions d'une clarté cristalline, sans y consacrer un temps excessif. L'outil vous aide à formaliser vos attentes avec une précision et une exhaustivité qui transforment radicalement l'efficacité de votre délégation et l'autonomie de votre équipe.

Pour comprendre la puissance de cette approche, examinons les composantes essentielles d'un briefing de mission optimal que Copilot peut vous aider à structurer :

- **Contexte stratégique** : Votre collaborateur doit comprendre où se situe sa mission dans le tableau d'ensemble. Copilot peut vous aider à formuler un contexte clair : "Génère un paragraphe expliquant le contexte stratégique de ce projet de refonte du parcours client, en mettant en évidence son impact sur notre objectif d'amélioration de la satisfaction client de 15% cette année."

- **Objectifs SMART précis** : Les objectifs flous génèrent des résultats flous. Utilisez Copilot pour structurer des objectifs rigoureux : "Formule trois objectifs SMART pour cette mission d'optimisation du processus de recrutement, en précisant les indicateurs de mesure et les échéances spécifiques."

- **Périmètre défini** : L'ambiguïté du périmètre est souvent source de malentendus coûteux. Demandez : "Rédige une délimitation claire du périmètre pour ce projet d'étude concurrentielle, précisant explicitement ce qui est inclus et ce qui en est exclu."

- **Ressources disponibles** : Votre collaborateur doit connaître les moyens à sa disposition. "Liste les ressources humaines, techniques et budgétaires disponibles pour cette mission, ainsi que les procédures d'accès à ces ressources."

- **Contraintes et limites** : La transparence sur les contraintes évite bien des frustrations. "Identifie les principales contraintes techniques, budgétaires et temporelles pour ce projet, ainsi que les lignes rouges à ne pas franchir."

L'efficacité de cette approche m'a été démontrée par une directrice financière qui utilisait systématiquement Copilot pour structurer ses briefings de mission. Elle a constaté une réduction de 80% des retours pour clarification et une amélioration significative de la qualité des livrables du premier coup.

Pour maximiser l'impact de Copilot dans la définition de vos missions, j'ai développé une méthodologie en cinq étapes que j'appelle le modèle "CLEAR" (Contexte, Livrables, Évaluation, Autonomie, Ressources) :

1. **Contexte global** : Commencez par établir le cadre stratégique. Demandez à Copilot : "Synthétise le contexte business et l'importance stratégique de ce projet de [X] en un paragraphe concis et impactant, qui donne du sens à cette mission pour mon collaborateur."

2. **Livrables détaillés** : Définissez précisément les résultats attendus. "Détaille les livrables spécifiques attendus pour cette mission, en précisant pour chacun : format, contenu, niveau de détail, et toute spécification particulière."

3. **Évaluation du succès** : Clarifiez les critères d'évaluation. "Formule 3-5 critères précis qui seront utilisés pour évaluer la qualité et le succès de ce travail, en les hiérarchisant par ordre d'importance."

4. **Autonomie balisée** : Délimitez clairement l'espace décisionnel. "Précise le niveau d'autonomie accordé sur cette mission : décisions que le collaborateur peut prendre seul, points nécessitant validation, et modalités de cette validation."

5. **Ressources et support** : Indiquez les moyens disponibles. "Liste toutes les ressources accessibles pour cette mission : personnes à consulter, documents de référence, outils, budget, ainsi que mon niveau de disponibilité pour accompagnement."

Un directeur commercial que j'accompagnais a intégré ce modèle dans un template réutilisable. Pour chaque nouvelle mission, il demande à Copilot de générer un briefing structuré selon ce cadre, qu'il personnalise ensuite en quelques minutes. Cette systématisation lui a permis de réduire considérablement les malentendus tout en accélérant sa capacité à déléguer efficacement.

L'un des aspects les plus puissants de cette approche concerne la personnalisation du briefing selon le profil spécifique du collaborateur. Chaque membre de votre équipe a un style d'apprentissage, un niveau d'expérience et des préférences de communication qui lui sont propres. Copilot vous permet d'adapter finement votre brief en conséquence :

- **Adaptation au niveau d'expérience** : "Ajuste ce briefing pour un collaborateur junior avec peu d'expérience dans ce domaine, en renforçant le niveau de détail des instructions et en suggérant des points d'étape intermédiaires."

- **Personnalisation au style d'apprentissage** : "Reformule ces consignes pour Marie qui a un style d'apprentissage visuel, en privilégiant les schémas, diagrammes et représentations visuelles des attentes."

- **Ajustement culturel** : "Adapte ce brief pour notre équipe internationale, en tenant compte des spécificités culturelles dans la formulation des attentes et des consignes."

La puissance de cette personnalisation m'a été illustrée par un responsable d'équipe multiculturelle qui avait observé des écarts significatifs dans l'interprétation de ses consignes selon les profils. En adaptant systématiquement ses briefings avec l'aide de Copilot, il a constaté une harmonisation remarquable dans la compréhension et l'exécution des missions.

Un aspect souvent négligé mais crucial de la délégation concerne l'explicitation des contraintes et des limites. Trop de managers se concentrent exclusivement sur les objectifs et les livrables, omettant de préciser clairement ce qui n'est pas attendu ou autorisé. Copilot vous aide à combler cette lacune :

"Formule clairement les limites et contraintes de cette mission : aspects qui sont hors périmètre, approches à éviter, ressources indisponibles, et lignes rouges à ne pas franchir en termes de budget, qualité ou méthodologie."

Cette clarification des "non-attentes" s'est révélée particulièrement précieuse pour une directrice marketing qui constatait que ses équipes avaient tendance à déployer des efforts considérables sur des aspects qu'elle considérait comme secondaires ou même hors sujet.

La documentation structurée des missions représente un autre avantage majeur de cette approche. Chaque brief généré avec Copilot devient non seulement un guide immédiat pour le collaborateur, mais aussi une référence pour l'évaluation future et un élément d'apprentissage organisationnel. Demandez à Copilot :

"Crée un document structuré pour cette mission incluant : résumé exécutif, objectifs détaillés, responsabilités, calendrier, ressources, critères d'évaluation et modalités de suivi. Formate-le pour qu'il soit facilement partageable et archivable."

Un responsable de projet a adopté cette pratique systématiquement, constituant progressivement une bibliothèque de missions documentées qui est devenue une ressource précieuse pour la formation des nouveaux arrivants et l'amélioration continue des processus de son équipe.

La définition claire des attentes s'étend également aux modalités de suivi et de reporting. Trop souvent, un manager délègue une mission sans préciser comment et quand il souhaite être tenu informé des avancées. Copilot vous permet de structurer cette dimension essentielle :

"Définis un cadre de suivi optimal pour cette mission de trois mois : fréquence des points d'étape, format des rapports d'avancement, indicateurs clés à surveiller, et processus d'alerte en cas de difficultés."

Cette clarification du "comment me tenir informé" transforme radicalement la fluidité du suivi, réduisant à la fois votre anxiété de manager et le stress de votre collaborateur face à l'incertitude des attentes.

Les managers les plus efficaces que j'accompagne utilisent également Copilot pour intégrer explicitement les opportunités d'apprentissage et de développement dans leurs missions. Cette dimension transforme une simple tâche en opportunité de croissance :

"Identifie et formule clairement les compétences que ce projet permettra de développer ou renforcer, ainsi que les ressources d'apprentissage recommandées pour maximiser cette opportunité de développement."

Cette approche enrichit considérablement la motivation intrinsèque du collaborateur, qui perçoit alors la mission non plus comme une simple tâche à accomplir, mais comme une étape significative dans son parcours de développement professionnel.

Dans le prochain chapitre, nous verrons comment compléter cette délégation claire par un système d'information fluide qui permettra à vos collaborateurs de maintenir leur autonomie tout au long de l'exécution de leurs missions, sans dépendre constamment de vous pour des clarifications ou des arbitrages.

4.2.2 FAVORISER L'AUTONOMIE EN FOURNISSANT LES BONNES INFORMATIONS AU BON MOMENT VIA COPILOT

L'information représente le carburant de l'autonomie. Cette vérité fondamentale m'est apparue lors d'une session avec une directrice des ressources humaines visiblement frustrée. "J'ai délégué un projet important à mon collaborateur le plus talentueux, mais il revient constamment me poser des questions. J'ai l'impression de faire le travail deux fois." Son expérience illustre parfaitement un phénomène que j'observe régulièrement : la délégation échoue souvent non par manque de compétence du collaborateur, mais par insuffisance d'accès à l'information pertinente.

La capacité à fournir l'information juste, au moment opportun, constitue l'un des leviers les plus puissants dont dispose un manager pour développer l'autonomie de son équipe. Traditionnellement, cette dimension créait un dilemme cornélien : soit vous inondez vos collaborateurs de données exhaustives au risque de les noyer, soit vous filtrez drastiquement l'information au risque de créer des angles morts dangereux.

Copilot transforme radicalement cette équation en vous permettant de mettre en place ce que j'appelle un "système d'information contextuelle" : un environnement où chaque collaborateur peut accéder précisément à l'information dont il a besoin, quand il en a besoin, sans dépendre constamment de votre disponibilité. Cette capacité représente un changement de paradigme dans votre approche de la délégation et de l'autonomisation.

Le principe fondamental repose sur la distinction entre délégation de tâches et délégation d'accès informationnel. Un collaborateur peut être parfaitement compétent pour exécuter une mission, mais se trouver bloqué par une simple lacune informationnelle : un précédent similaire, un contact clé, une décision antérieure, une procédure spécifique. En facilitant cet accès via Copilot, vous éliminez les goulots d'étranglement dont vous êtes, souvent malgré vous, le centre.

Pour exploiter pleinement ce potentiel, j'ai développé une méthodologie en quatre dimensions que j'appelle le cadre "ASIR" (Accès, Structuration, Interaction, Responsabilisation) :

- **Accès organisé** : La première étape consiste à organiser méthodiquement l'information pertinente pour chaque domaine de responsabilité. Demandez à Copilot : "Crée un index structuré de toutes les ressources informationnelles liées au projet X, en catégorisant par type (procédures, contacts, historique, décisions) et en précisant leur localisation dans notre système documentaire."

- **Structuration contextualisée** : L'information brute n'est pas suffisante ; elle doit être enrichie de contexte pour être véritablement utile. Utilisez Copilot pour transformer vos connaissances tacites en ressources explicites : "Synthétise mes emails, notes et comptes-rendus concernant le projet Y en un guide pratique pour mon équipe, incluant les points de vigilance, les leçons apprises des phases précédentes, et les contacts clés avec leur préférence de communication."

- **Interaction fluide** : Facilitez l'accès à cette information par des modalités d'interrogation simples et naturelles. Formez vos collaborateurs à utiliser efficacement Copilot : "Voici comment interroger notre base de connaissances : 'Quels précédents avons-nous pour ce type de situation client ?', 'Qui sont les parties prenantes à impliquer pour cette décision ?', 'Quelles sont nos lignes rouges en matière de budget sur ce type de projet ?'"

- **Responsabilisation progressive** : Instaurez une culture où l'autonomie informationnelle devient la norme. "Je te délègue cette mission. Tu as accès à l'ensemble de nos ressources via Copilot. Je reste disponible pour les questions stratégiques, mais je t'encourage à explorer d'abord par toi-même les réponses aux questions factuelles ou procédurales."

L'efficacité de cette approche m'a été démontrée par un directeur financier qui a transformé sa relation avec son équipe. Il a constaté une réduction de 70% des sollicitations pour des informations basiques, libérant son temps pour un accompagnement véritablement stratégique. "Pour la première fois, je me sens libéré du rôle de bibliothèque humaine pour embrasser pleinement celui de mentor," m'a-t-il confié.

Un aspect particulièrement puissant de cette méthodologie concerne l'exploitation des questions récurrentes comme signal d'amélioration. Chaque question répétitive indique une lacune dans votre système d'information. Utilisez Copilot pour transformer ces patterns en ressources pérennes :

"Analyse les questions qui me sont le plus fréquemment posées par mon équipe sur le processus d'approbation, et génère une FAQ structurée avec réponses détaillées que je pourrai partager comme ressource permanente."

Cette approche transforme progressivement chaque point de friction informationnelle en opportunité d'autonomisation collective.

Les types d'informations qui bénéficient particulièrement de cette approche incluent :

1. **Procédures et processus** : Créez des guides dynamiques que vos collaborateurs peuvent interroger en langage naturel. "Synthétise notre processus d'onboarding client en un guide interactif que mon équipe pourra interroger via Copilot avec des questions comme : 'Quelle étape suit la validation légale ?' ou 'Quels documents sont requis pour le secteur bancaire ?'"

2. **Connaissances historiques** : Rendez accessible l'historique des décisions et expériences. "Crée une base de connaissances des cas clients similaires traités ces deux dernières années, incluant les approches testées, les résultats obtenus et les leçons apprises, que mon équipe pourra consulter pour les nouveaux projets."

3. **Critères décisionnels** : Clarifiez vos attentes et paramètres de décision. "Formalise les critères que j'utilise

habituellement pour évaluer les propositions commerciales, avec exemples concrets et explications, permettant à mon équipe de pré-évaluer leurs propositions avant validation."

4. **Réseau relationnel** : Partagez votre cartographie des parties prenantes. "Génère un guide des interlocuteurs clés pour ce projet, incluant leur rôle, influence, préoccupations principales et préférences de communication, pour que mon équipe puisse interagir efficacement sans mon intermédiaire."

Un responsable marketing a mis en place un système particulièrement efficace qu'il appelle ses "jardins de connaissances". Pour chaque domaine de responsabilité délégué, il crée avec Copilot un document central constamment enrichi d'informations pertinentes, que ses collaborateurs peuvent interroger librement. Cette ressource évolutive devient progressivement un véritable "substitut informationnel" à sa présence constante.

Pour transformer cette approche en système pérenne, j'ai identifié quatre pratiques clés que mes clients managers implémentent avec succès :

- **Rituel de capture régulier** : Consacrez 15 minutes hebdomadaires à alimenter votre système informationnel avec vos nouvelles connaissances. "Analyse mes emails, notes et calendrier de la semaine et identifie les nouvelles informations pertinentes à intégrer dans notre base de connaissances partagée sur le projet Z."

- **Sessions de modélisation décisionnelle** : Verbalisez explicitement votre processus de réflexion. "Observe ma façon d'analyser ce cas client, puis génère un guide méthodologique que mon équipe pourra suivre pour des situations similaires, incluant les questions clés que je me pose et les facteurs que je considère."

- **Cercles d'autonomie progressifs** : Définissez clairement les zones de décision autonome et partagez les ressources informationnelles correspondantes. "Pour ce domaine précis, tu as désormais autorité complète. Voici l'accès à l'ensemble des informations nécessaires, avec la possibilité d'interroger notre historique via Copilot."

- **Boucles de feedback documentées** : Transformez chaque retour en ressource d'apprentissage. "Après chaque décision significative prise par ton équipe, documentons ensemble le raisonnement, le résultat et les apprentissages via Copilot, enrichissant ainsi notre base collective pour les prochaines situations."

La vraie magie de ce système apparaît lorsque vos collaborateurs commencent eux-mêmes à l'alimenter, créant une intelligence collective qui transcende les connaissances individuelles. Une directrice des opérations m'a confié comment cette dynamique a transformé la culture de son équipe : "Nous sommes passés d'une dépendance individuelle à mon expertise à une interdépendance collective autour d'une base de connaissances partagée, constamment enrichie par tous."

Un aspect souvent négligé concerne l'adaptation du niveau de détail informationnel au degré de maturité du collaborateur. Copilot vous permet d'ajuster finement ce paramètre :

- Pour un collaborateur novice : "Génère un guide détaillé étape par étape, incluant des exemples concrets pour chaque phase et des réponses aux questions fréquentes."

- Pour un collaborateur intermédiaire : "Crée un guide plus synthétique, mettant l'accent sur les points de vigilance et les critères de décision clés, tout en suggérant où trouver des informations complémentaires si nécessaire."

- Pour un collaborateur expert : "Prépare un mémo concis des évolutions récentes et points spécifiques à ce nouveau contexte, en supposant une maîtrise des fondamentaux."

Cette personnalisation informationnelle évite à la fois la surcharge cognitive et les lacunes dangereuses, adaptant précisément le flux d'information aux besoins réels de chaque collaborateur.

La dimension temporelle constitue un autre levier crucial. Au-delà de l'accès à l'information, Copilot vous permet d'orchestrer intelligemment son séquencement :

"Crée un parcours informationnel pour Marie sur ce nouveau projet : les informations essentielles à partager avant son démarrage, les ressources à consulter pendant la phase d'analyse, et les référentiels à utiliser lors de la phase de conception."

Cette chorégraphie informationnelle évite l'effet paralysant de la surcharge initiale tout en garantissant que chaque information arrive au moment où elle est véritablement actionnable.

En ancrant cette approche dans votre pratique managériale quotidienne, vous créez progressivement ce que j'appelle une "organisation à mémoire augmentée" où l'information circule fluidement, indépendamment des disponibilités individuelles. Vos collaborateurs gagnent en autonomie, vous libérez du temps précieux, et l'équipe collectivement capitalise sur ses apprentissages de façon systématique.

Dans le prochain chapitre, nous explorerons comment réinvestir ce temps managérial libéré dans ce qui fait réellement la différence : le développement stratégique de vos talents et le coaching individualisé de vos collaborateurs.

5. Libérer Votre Leadership Stratégique et Cultiver les Talents

Le leadership stratégique représente la dimension la plus précieuse de votre rôle managérial. Cette vérité m'a frappé lors d'une session avec une directrice marketing brillante qui, malgré son potentiel évident, passait 80% de son temps sur des tâches opérationnelles. Sa frustration était palpable : "Je sais que je devrais consacrer plus de temps à développer mon équipe et à réfléchir stratégiquement, mais les urgences quotidiennes m'engloutissent. Je me sens comme un pompier plutôt qu'un leader."

Son expérience illustre parfaitement le dilemme auquel se confrontent la plupart des managers : vous savez intuitivement où réside votre plus grande valeur ajoutée, mais vous luttez quotidiennement pour y consacrer du temps face à l'avalanche des demandes opérationnelles. Cette tension constante génère non seulement une frustration personnelle, mais limite également l'évolution et la performance de votre équipe.

La libération de votre potentiel stratégique et le développement des talents de votre équipe constituent l'ultime promesse de Copilot, et peut-être sa plus transformative. Au-delà du gain de temps et de l'efficacité opérationnelle, l'IA vous offre désormais la possibilité de réinvestir votre attention vers ce qui fait véritablement la différence : l'orientation stratégique et l'élévation des compétences de vos collaborateurs.

Ma certitude profonde, forgée à travers des centaines d'accompagnements de managers, est que la combinaison d'un leadership stratégique clair et d'un développement individualisé des talents représente le levier de performance le plus puissant à votre disposition. Cette synergie crée un cercle vertueux où votre vision alimente la croissance de vos collaborateurs, qui à leur tour renforcent votre capacité à penser et agir stratégiquement.

Dans ce chapitre final, nous explorerons comment exploiter pleinement le temps et l'espace mental libérés par Copilot pour vous concentrer sur ces deux dimensions critiques de votre leadership. L'objectif n'est pas simplement de devenir plus efficace dans vos tâches existantes, mais de transformer fondamentalement la nature même de votre rôle.

Le coaching individuel constitue peut-être l'activité managériale offrant le plus fort retour sur investissement temporel. Les études démontrent qu'un collaborateur bénéficiant d'un coaching régulier et ciblé voit sa performance augmenter en moyenne de 20%, bien au-delà de ce qu'une simple supervision ou formation générique peut accomplir. Pourtant, la plupart des managers consacrent moins de 10% de leur temps à cette activité essentielle, souvent par manque de disponibilité ou de préparation adéquate.

La mobilisation de l'intelligence collective représente l'autre dimension critique du leadership contemporain. Dans notre environnement professionnel complexe et en constante évolution, aucun manager ne peut prétendre détenir toutes les réponses. Votre valeur réside désormais dans votre capacité à catalyser, structurer et synthétiser l'intelligence distribuée au sein de votre équipe, transformant des perspectives diverses en une direction cohérente et engageante.

Ces deux dimensions, le coaching individuel et la mobilisation collective, partagent un prérequis fondamental : du temps de qualité, libéré des contraintes opérationnelles et administratives. C'est précisément ce que Copilot vous offre, à condition de réinvestir sciemment ce temps dans ces activités à haute valeur ajoutée.

La promesse de ce chapitre va au-delà de simples techniques pour utiliser Copilot. Il s'agit d'une invitation à repenser fondamentalement votre rôle de manager, en vous positionnant comme un véritable architecte de développement humain et de direction stratégique. Cette évolution représente non seulement un gain d'impact et de satisfaction professionnelle pour vous, mais aussi une transformation profonde de l'expérience de vos collaborateurs.

Un directeur commercial avec qui je travaillais récemment a parfaitement résumé cette transformation : "Avant, j'étais un gestionnaire de tâches et de problèmes. Aujourd'hui, je me vois comme un développeur de potentiels et un créateur de sens. Cette évolution a non seulement transformé ma satisfaction professionnelle, mais a également modifié radicalement la dynamique et les résultats de mon équipe."

Pour concrétiser cette évolution, nous explorerons deux dimensions complémentaires :

- **Réinvestir le temps stratégique gagné dans le coaching et le développement individuel** : Vous découvrirez comment préparer des séances de coaching ciblées et impactantes grâce aux synthèses Copilot, puis comment identifier les besoins de formation et les parcours de carrière personnalisés pour chaque membre de votre équipe.

- **Devenir un leader inspirant qui mobilise l'intelligence collective** : Vous apprendrez à utiliser Copilot pour faciliter le brainstorming structuré et stimuler l'innovation, puis à consolider et communiquer efficacement votre vision stratégique pour embarquer pleinement votre équipe.

La force de cette approche réside dans sa nature systémique et auto-renforçante. Chaque collaborateur que vous développez efficacement renforce la capacité collective de votre équipe. Chaque avancée dans la clarté et l'adhésion à votre vision stratégique facilite le développement ciblé de vos talents. Ces deux dimensions se nourrissent mutuellement, créant une spirale vertueuse de performance et d'engagement.

Une question légitime mérite d'être adressée directement : comment être certain que le temps libéré par Copilot sera effectivement réinvesti dans ces activités stratégiques, plutôt que simplement absorbé par de nouvelles tâches opérationnelles ? Ma réponse, basée sur l'observation de nombreux managers, est double.

Premièrement, la prise de conscience est déjà un premier pas crucial. En identifiant clairement la valeur supérieure du coaching et de la réflexion stratégique, vous créez une intention qui guidera naturellement vos choix d'allocation de temps. Deuxièmement, nous explorerons des techniques concrètes pour "sanctuariser" ce temps précieux, en créant des rituels et des structures qui protègent votre espace stratégique des invasions quotidiennes.

Le développement de compétences spécifiques en coaching représente un autre levier important que nous aborderons. Beaucoup de managers hésitent à consacrer plus de temps au développement individuel par manque de confiance dans leurs capacités de coach. Copilot transforme cette équation en vous permettant non seulement de libérer du temps, mais aussi de préparer des interventions plus structurées et impactantes, renforçant progressivement votre confiance et vos compétences dans ce domaine.

L'impact de cette transformation dépasse largement le cadre de votre équipe immédiate. En devenant un leader plus stratégique et développeur de talents, vous augmentez significativement votre influence et votre visibilité dans l'organisation. Les managers qui excellent dans ces dimensions sont invariablement ceux qui progressent plus rapidement vers des responsabilités supérieures, car ils démontrent leur capacité à générer de la valeur au-delà de l'exécution opérationnelle.

Un aspect souvent sous-estimé concerne l'impact sur votre propre bien-être professionnel. Les recherches en psychologie du travail démontrent que les activités liées au développement d'autrui et à la réflexion stratégique génèrent un niveau de satisfaction intrinsèque bien supérieur aux tâches administratives ou de contrôle. En réorientant votre focus vers ces dimensions, vous ne devenez pas seulement plus efficace, mais aussi plus épanoui professionnellement.

La métaphore du jardinier stratégique illustre parfaitement cette évolution de posture. Plutôt que de vous épuiser à couper vous-même chaque brin d'herbe (approche opérationnelle), vous concevez le jardin, sélectionnez les bonnes semences, créez les conditions optimales de croissance, et intervenez avec précision là où votre expertise fait réellement la différence. Cette posture génère non seulement de meilleurs résultats, mais aussi une satisfaction profonde liée à la création et au développement plutôt qu'à la simple exécution.

Dans les sections suivantes, nous explorerons des méthodes concrètes et des exemples pratiques pour réaliser cette transformation fondamentale de votre leadership. Vous découvrirez comment Copilot peut non seulement vous libérer du temps, mais aussi amplifier significativement votre impact dans ces dimensions stratégiques et développementales qui définissent le leadership véritablement transformationnel.

Prêt à explorer comment libérer pleinement votre potentiel stratégique et devenir un développeur de talents d'exception ? Plongeons ensemble dans cette ultime dimension de votre évolution vers un leadership augmenté par l'IA.

5.1 Réinvestir le Temps Stratégique Gagné dans le Coaching et le Développement Individuel

5.1.1 Préparer des Séances de Coaching Ciblées et Impactantes Grâce aux Synthèses Copilot

Le coaching individuel représente l'une des activités managériales les plus transformatives et pourtant les plus négligées. Cette réalité m'a frappé lors d'une session avec une directrice des opérations brillante qui, malgré ses intentions, ne parvenait jamais à consacrer du temps de qualité au développement de ses collaborateurs. "Je sais que je devrais coacher mon équipe plus régulièrement, mais entre la préparation nécessaire et le temps d'exécution, cela reste toujours en bas de ma liste de priorités," m'avouait-elle avec une frustration palpable.

Son expérience résonne probablement avec la vôtre. Le coaching individuel, bien que reconnu comme levier de performance majeur, devient souvent la victime de notre surcharge opérationnelle quotidienne. Les recherches montrent qu'un collaborateur bénéficiant d'un coaching régulier et personnalisé améliore sa performance de 20% en moyenne, pourtant la plupart des managers y consacrent moins de 5% de leur temps.

La préparation constitue souvent le principal obstacle. Un coaching efficace nécessite une compréhension approfondie du collaborateur, de ses réalisations récentes, de ses défis et de son contexte spécifique. Cette phase préparatoire consomme un temps considérable que la plupart des managers ne peuvent se permettre d'investir régulièrement. Résultat ? Des sessions de coaching improvisées, superficielles ou simplement reportées indéfiniment.

Copilot transforme radicalement cette équation en vous permettant de préparer des sessions de coaching ciblées et impactantes en une fraction du temps traditionnellement nécessaire. Cette capacité ne remplace pas votre jugement ou votre expertise managériale, mais les amplifie considérablement en éliminant le travail préparatoire chronophage.

La puissance de cette approche repose sur la capacité unique de Copilot à synthétiser rapidement des informations provenant de multiples sources, vous offrant une vue à 360° de votre collaborateur sans les heures traditionnellement consacrées à cette analyse. J'ai observé chez mes clients managers une réduction de 75% du temps de préparation, transformant le coaching d'une activité occasionnelle en pratique régulière et systématique.

Pour exploiter pleinement ce potentiel, j'ai développé une méthodologie structurée en cinq dimensions que j'appelle le modèle "COACH" (Contexte, Objectifs, Analyse, Conversation, Horizon) :

- **Contexte actuel** : Commencez par dresser un portrait complet et actuel du collaborateur. Demandez à Copilot : "Synthétise les informations clés concernant [Nom] au cours des trois derniers mois : ses projets principaux, interactions notables dans nos échanges emails, contributions mentionnées dans les comptes-rendus de réunion, et tout feedback reçu de la part de clients ou collègues."

- **Objectifs et attentes** : Clarifiez les objectifs formels et informels. "Rappelle-moi les objectifs fixés pour [Nom] lors de notre dernier entretien, et analyse son avancement actuel basé sur les données disponibles dans nos documents partagés et communications."

- **Analyse des forces et axes de développement** : Obtenez une vision équilibrée des points forts et des opportunités d'amélioration. "Identifie les trois forces principales que [Nom] a démontrées récemment avec des exemples concrets, ainsi que trois domaines où un développement apporterait le plus de valeur à son évolution professionnelle."

- **Conversation structurée** : Préparez une trame d'entretien efficace. "Génère un guide d'entretien pour ma session de coaching avec [Nom], incluant : questions ouvertes pour explorer sa perspective, points spécifiques à aborder basés sur ses récentes réalisations, et suggestions pour stimuler sa réflexion sur son développement."

- **Horizon de développement** : Anticipez les prochaines étapes. "Propose trois pistes de développement potentielles pour [Nom] basées sur son profil, ses aspirations exprimées dans nos échanges précédents, et les opportunités actuelles au sein de notre organisation."

L'efficacité de cette approche m'a été confirmée par un directeur commercial qui a transformé sa pratique du coaching grâce à cette méthodologie. "Avant, mes sessions de coaching étaient sporadiques et souvent superficielles par manque de préparation. Aujourd'hui, je consacre 20 minutes chaque semaine à préparer des sessions vraiment impactantes pour deux membres de mon équipe. La différence dans leur engagement et leur progression est spectaculaire."

Un aspect particulièrement puissant de cette méthode concerne la préparation de ce que j'appelle des "conversations catalytiques" : des échanges ciblés qui déclenchent des prises de conscience transformatives chez votre collaborateur. Avec l'aide de Copilot, vous pouvez concevoir ces moments avec une précision chirurgicale :

"Basé sur les communications et données disponibles pour [Nom], identifie un pattern ou angle mort potentiel dans son approche actuelle, et suggère 2-3 questions puissantes qui pourraient déclencher une prise de conscience sur cet aspect."

Cette capacité à identifier des leviers de développement subtils mais impactants transforme l'efficacité de vos interventions de coaching, générant des insights que votre collaborateur pourra véritablement intégrer à sa pratique quotidienne.

La personnalisation représente une autre dimension cruciale que Copilot vous aide à maîtriser. Chaque collaborateur possède un style d'apprentissage, des motivations et des préférences uniques. Pour adapter votre approche en conséquence, demandez :

"Analyse le style de communication et d'apprentissage apparent de [Nom] d'après nos échanges. Préfère-t-il les discussions conceptuelles ou concrètes ? Semble-t-il plus motivé par les défis, la reconnaissance, ou la sécurité ? Comment pourrais-je adapter mon approche de coaching pour maximiser sa réceptivité ?"

Cette personnalisation fine renforce considérablement l'impact de vos sessions, créant un environnement où votre collaborateur se sent véritablement vu et compris dans sa singularité.

Pour les managers gérant des équipes importantes, l'approche systématique offerte par Copilot présente un avantage décisif. Une responsable d'équipe technique que j'accompagnais a mis en place ce qu'elle appelle son "rythme de coaching" : chaque lundi matin, elle consacre 30 minutes à préparer avec Copilot des sessions pour trois collaborateurs différents, créant un cycle où chaque membre de son équipe bénéficie d'un coaching personnalisé toutes les trois semaines.

"Cette régularité a transformé ma relation avec mon équipe. Ils se sentent soutenus individuellement, et je dispose maintenant d'une compréhension beaucoup plus fine de leurs forces, aspirations et défis. Nous avançons ensemble plutôt que simplement côte à côte."

Un levier particulièrement efficace consiste à utiliser Copilot pour préparer des sessions basées sur des données objectives plutôt que sur de simples impressions. Cette approche factuelle renforce considérablement l'impact de vos interventions :

"Analyse les données quantitatives et qualitatives disponibles concernant la performance de [Nom] sur le projet X : taux de complétion des tâches, qualité des livrables, feedback des parties prenantes, et défis rencontrés. Synthétise ces éléments en 3-4 observations factuelles que je pourrais utiliser comme base de discussion constructive."

Cette fondation objective transforme la nature même de vos conversations, les faisant évoluer de simples échanges d'opinions vers des dialogues ancrés dans une réalité partagée et vérifiable.

La dimension temporelle constitue un autre levier crucial. Pour une préparation vraiment efficace, demandez à Copilot de vous aider à adopter une perspective multidimensionnelle :

"Prépare une analyse temporelle pour ma session avec [Nom] : (1) Rétrospective : principaux accomplissements et apprentissages des trois derniers mois, (2) Situation actuelle : état d'avancement des projets et défis immédiats, (3) Projection : opportunités et risques potentiels dans les trois prochains mois."

Cette vision tridimensionnelle enrichit considérablement la profondeur de vos échanges, transformant une simple discussion opérationnelle en véritable conversation développementale.

Pour maximiser l'impact durable de vos sessions, utilisez Copilot pour concevoir ce que j'appelle des "passerelles d'action" : des mécanismes concrets qui permettent au collaborateur de traduire les insights du coaching en actions tangibles :

"Suggère trois formats de suivi post-coaching adaptés au profil de [Nom] : un outil simple de tracking des actions convenues, un modèle de réflexion pour capturer ses apprentissages, et un mécanisme de feedback régulier pour mesurer ses progrès."

Ces structures de continuité transforment des moments de coaching isolés en un processus développemental cohérent et progressif.

Le véritable pouvoir de cette approche émerge lorsque vous l'intégrez dans une vision systémique du développement de votre équipe. Un directeur des ressources humaines avec qui je travaillais utilise Copilot pour maintenir ce qu'il appelle une "cartographie développementale" de son équipe :

"Analyse les forces complémentaires et les opportunités de mentorat croisé au sein de mon équipe, basé sur les profils individuels que nous avons discutés. Identifie des paires de collaborateurs qui pourraient mutuellement bénéficier d'un partage de compétences."

Cette vision d'ensemble lui permet d'orchestrer non seulement des sessions individuelles impactantes, mais aussi de tisser un écosystème d'apprentissage collectif où chaque membre contribue au développement des autres.

Dans le prochain chapitre, nous verrons comment compléter ce coaching ciblé par une identification systématique des besoins de formation et des parcours de carrière personnalisés, toujours avec l'assistance puissante de Copilot.

5.1.2 Identifier les Besoins de Formation et les Parcours de Carrière Personnalisés

L'identification précise des besoins de développement représente l'un des plus puissants leviers de motivation et de performance. Cette vérité m'a frappé lors d'une session avec un brillant directeur des opérations qui, malgré ses intentions, peinait à proposer des parcours de développement véritablement personnalisés à son équipe. "Je connais leurs forces et leurs faiblesses générales," m'expliquait-il, "mais je manque de temps pour analyser finement leurs besoins spécifiques et identifier les formations qui feraient vraiment la différence pour chacun."

Son expérience reflète un dilemme partagé par de nombreux managers : vous savez que le développement ciblé de vos collaborateurs constitue un investissement stratégique majeur, mais l'analyse fine nécessaire pour le personnaliser reste chronophage et complexe. Les conséquences ? Des plans de développement génériques qui manquent leur cible, des formations sous-exploitées, et un sentiment partagé de temps perdu.

Copilot transforme cette équation en vous permettant d'analyser rapidement et profondément les besoins spécifiques de chaque collaborateur, puis d'identifier les parcours de développement les plus pertinents pour leur situation unique. Cette capacité ne remplace pas votre jugement managérial, mais l'amplifie considérablement en éliminant le travail analytique préliminaire qui vous freinait jusqu'alors.

Pour exploiter pleinement ce potentiel, j'ai développé une méthodologie en quatre phases que j'appelle le modèle "CAPI" (Cartographie, Analyse, Projection, Individualisation) :

- **Cartographie des compétences actuelles** : Commencez par dresser un portrait complet des forces et axes d'amélioration du collaborateur. Demandez à Copilot : "Analyse les communications, réalisations et feedbacks disponibles concernant [Nom] au cours des six derniers mois. Identifie ses compétences techniques manifestes, ses soft skills dominants, et les domaines où des lacunes potentielles apparaissent. Présente cette cartographie sous forme de tableau organisé par catégories de compétences."

- **Analyse des aspirations et motivations** : Enrichissez ce portrait de la dimension motivationnelle. "Passe en revue nos échanges avec [Nom] et identifie les indices révélant ses aspirations professionnelles, les domaines qui semblent l'enthousiasmer particulièrement, et les valeurs qui paraissent importantes pour lui/elle. Synthétise ces éléments en une vision cohérente de sa trajectoire souhaitée."

- **Projection stratégique** : Croisez ces données avec les besoins futurs de votre organisation. "En considérant l'évolution prévisible de notre département et les compétences qui seront stratégiques dans les 12-24 prochains mois, identifie les domaines où le développement de [Nom] créerait une synergie optimale entre ses aspirations et nos besoins organisationnels."

- **Individualisation du parcours** : Construisez un plan de développement sur mesure. "Propose un parcours de développement personnalisé pour [Nom], incluant : 3-4 compétences prioritaires à développer, des modalités d'apprentissage adaptées à son style préférentiel (formations formelles, mentorat, projets spécifiques, etc.), et un calendrier progressif sur 6-12 mois."

L'efficacité de cette approche m'a été confirmée par une directrice des ressources humaines qui a transformé sa façon d'accompagner le développement de son équipe. "Avant, j'élaborais des plans de formation standardisés, avec quelques ajustements à la marge. Aujourd'hui, je consacre une heure par mois avec Copilot pour créer des parcours véritablement personnalisés. La différence d'engagement et de progression est spectaculaire."

Un aspect particulièrement puissant de cette méthode concerne la détection des "potentiels cachés" : ces talents ou aspirations que votre collaborateur possède mais qui restent invisibles dans son rôle actuel. Copilot excelle à identifier ces signaux subtils dans les communications et réalisations passées. Demandez par exemple :

"Analyse les communications et contributions de [Nom] pour identifier des compétences ou intérêts qui semblent sous-exploités dans son rôle actuel. Y a-t-il des domaines où il/elle montre un enthousiasme ou une aptitude qui pourrait indiquer un potentiel inexploité ?"

Cette capacité à repérer des talents latents transforme votre approche du développement, vous permettant de proposer des parcours qui surprennent positivement vos collaborateurs par leur pertinence et leur alignement avec des aspirations parfois inexprimées.

La personnalisation des modalités d'apprentissage représente une autre dimension critique que Copilot vous aide à maîtriser. Chaque personne apprend différemment : certaines prospèrent dans les formations structurées, d'autres par la pratique, le mentorat, ou l'auto-apprentissage guidé. Pour adapter finement votre approche, demandez :

"En te basant sur les communications et feedbacks de [Nom], identifie son style d'apprentissage probable. Préfère-t-il l'expérimentation directe ou la compréhension théorique préalable ? Semble-t-il apprendre mieux seul ou en collaboration ? Quelles modalités de développement seraient les plus adaptées à son profil ?"

Cette personnalisation fine du "comment" apprendre, au-delà du "quoi" apprendre, multiplie considérablement l'efficacité de vos investissements en développement.

Pour les managers gérant des équipes importantes, l'approche systématique offerte par Copilot présente un avantage stratégique majeur. Un responsable d'équipe technique que j'accompagnais a mis en place ce qu'il appelle ses "plans de développement connectés" : il utilise Copilot non seulement pour analyser les besoins individuels, mais aussi pour identifier les synergies développementales au sein de son équipe.

"Analyse les compétences complémentaires au sein de mon équipe et suggère des paires de collaborateurs qui pourraient mutuellement bénéficier d'un partage de compétences ou d'un co-développement dans les domaines X et Y."

Cette vision holistique transforme le développement d'une activité individuelle en un processus collectif qui renforce simultanément la cohésion d'équipe et les compétences de chacun.

Un levier particulièrement efficace consiste à utiliser Copilot pour identifier des opportunités de développement "sur le terrain" qui complètent les formations formelles. Trop souvent, le développement est perçu uniquement à travers le prisme des formations structurées, négligeant le potentiel d'apprentissage intégré au travail quotidien.

"Pour chaque compétence prioritaire identifiée pour [Nom], suggère 2-3 missions ou responsabilités spécifiques dans notre contexte actuel qui lui permettraient de développer ces compétences par la pratique, en parallèle de sa formation formelle."

Ce mélange de développement formel et informel crée ce que j'appelle un "écosystème d'apprentissage continu" qui accélère considérablement la progression de vos collaborateurs.

La dimension temporelle constitue un autre levier crucial. Un plan de développement efficace doit équilibrer les besoins immédiats avec une vision à plus long terme. Demandez à Copilot :

"Propose un séquencement optimal pour le développement de [Nom], en identifiant : (1) les compétences prioritaires à court terme (3-6 mois) qui adressent des besoins immédiats, (2) les domaines de développement à moyen terme (6-12 mois) qui préparent aux évolutions de son rôle, et (3) les apprentissages fondamentaux qui soutiendront sa trajectoire à long terme (1-3 ans)."

Cette vision multidimensionnelle du temps transforme un simple plan de formation en véritable stratégie de carrière, donnant à votre collaborateur une perspective claire sur son évolution.

Pour maximiser l'impact durable de votre analyse, utilisez Copilot pour concevoir ce que j'appelle des "boucles de feedback développemental" : des mécanismes qui permettent d'évaluer régulièrement la pertinence et l'efficacité du parcours proposé.

"Crée un cadre d'évaluation pour mesurer l'impact du parcours de développement de [Nom], incluant : indicateurs de progression pour chaque compétence ciblée, modalités de feedback à 30, 60 et 90 jours, et questions de réflexion pour nos points réguliers sur son développement."

Ces structures de suivi transforment un plan statique en processus dynamique qui s'ajuste et s'affine continuellement.

Le véritable pouvoir de cette approche émerge lorsque vous l'intégrez dans une vision systémique du développement de votre organisation. Une directrice commerciale avec qui je travaillais utilise Copilot pour maintenir ce qu'elle appelle une "matrice de compétences d'équipe" :

"Analyse notre matrice actuelle de compétences d'équipe et identifie : les zones de force collective que nous pouvons capitaliser, les vulnérabilités critiques qui nécessitent un développement prioritaire, et les compétences émergentes que nous devrions cultiver pour nous préparer aux évolutions futures de notre marché."

Cette vision d'ensemble lui permet d'orchestrer le développement individuel au service d'une stratégie collective cohérente.

Dans le prochain chapitre, nous explorerons comment utiliser Copilot pour faciliter le brainstorming structuré et stimuler l'innovation collective, transformant votre équipe en véritable moteur de créativité et d'amélioration continue.

5.2 Devenir un Leader Inspirant qui Mobilise l'Intelligence Collective de l'Équipe

5.2.1 Utiliser Copilot pour Faciliter le Brainstorming Structuré et Stimuler l'Innovation

La mobilisation de l'intelligence collective représente l'un des leviers les plus puissants à votre disposition en tant que manager. Cette vérité m'a frappé lors d'une session avec un directeur innovation qui, malgré son expertise, peinait à extraire le plein potentiel créatif de son équipe. "Nous organisons régulièrement des séances de brainstorming, mais les résultats restent souvent décevants," m'expliquait-il avec frustration. "Les mêmes personnes prennent la parole, les mêmes idées ressortent, et nous finissons par tourner en rond."

Son expérience résonne probablement avec la vôtre. Les séances de créativité collective, bien que prometteuses en théorie, se heurtent en pratique à de nombreux obstacles : dominance de quelques voix fortes, peur du jugement, manque de structure efficace, ou simple difficulté à sortir des sentiers battus. Les conséquences ? Une innovation limitée, des opportunités manquées, et un sentiment diffus que votre équipe possède un potentiel créatif largement inexploité.

Copilot transforme radicalement cette équation en vous offrant un véritable copilote pour la facilitation créative, vous permettant de structurer, stimuler et synthétiser l'intelligence collective de votre équipe comme jamais auparavant. Cette capacité ne remplace pas votre rôle d'animation, mais l'amplifie considérablement en éliminant les frictions et biais qui limitaient jusqu'alors l'expression du plein potentiel de votre équipe.

Pour exploiter pleinement ce potentiel, j'ai développé une méthodologie structurée en quatre phases que j'appelle le modèle "IDEA" (Initialisation, Divergence, Exploration, Articulation) :

- **Initialisation ciblée** : La première étape consiste à cadrer précisément votre challenge créatif. Demandez à Copilot : "Aide-moi à reformuler notre problématique [X] en une question de brainstorming puissante et stimulante. Transforme-la en 3-5 questions 'Comment pourrait-on...' différentes pour aborder le sujet sous des angles variés." Cette technique de recadrage ouvre immédiatement le champ des possibles et évite le piège de la question mal posée qui limite d'emblée la créativité.

- **Divergence structurée** : Utilisez Copilot pour générer des stimuli créatifs diversifiés et sortir des schémas de pensée habituels. "Génère 10 approches radicalement différentes pour adresser notre challenge [X], en t'inspirant de domaines variés : technologie, nature, arts, sports, etc. Pour chaque approche, suggère une question provocante qui remette en question nos hypothèses de base." Ces stimuli servent de tremplins pour vos séances collectives, permettant à chacun de rebondir sur des perspectives inattendues.

- **Exploration collaborative** : Enrichissez les idées émergentes en les soumettant à Copilot pour amplification. "Prends cette idée initiale [Y] proposée par l'équipe et développe-la dans 5 directions différentes. Pour chacune, identifie un aspect particulièrement prometteur et une limite potentielle à surmonter." Cette approche transforme des embryons d'idées en concepts plus robustes et multidimensionnels.

- **Articulation synthétique** : Enfin, utilisez Copilot pour organiser et structurer la richesse des contributions. "Analyse les 15 idées générées lors de notre session et propose une catégorisation pertinente. Identifie les patterns émergents, les synergies potentielles entre certaines idées, et suggère 2-3 concepts hybrides qui combineraient les forces de plusieurs propositions."

L'efficacité de cette approche m'a été confirmée par une directrice marketing qui a transformé la dynamique créative de son équipe. "Avant, nos brainstormings ressemblaient à des discussions désordonnées dominées par les plus extravertis. Aujourd'hui, grâce à cette structure facilitée par Copilot, nous générons trois fois plus d'idées, et surtout, des concepts beaucoup plus innovants et aboutis."

Un aspect particulièrement puissant de cette méthode concerne la capacité à surmonter les biais cognitifs qui limitent traditionnellement la créativité collective. Notre cerveau humain est naturellement sujet à plusieurs distorsions lors des phases créatives :

1. **Fixation fonctionnelle** : Tendance à voir les objets uniquement dans leur fonction habituelle
2. **Biais de confirmation** : Tendance à privilégier les idées qui confirment nos hypothèses préexistantes
3. **Ancrage mental** : Difficulté à s'éloigner des premières idées proposées
4. **Pression à la conformité** : Réticence à exprimer des idées trop disruptives par crainte du jugement

Copilot vous aide à contrecarrer ces biais en introduisant délibérément des perspectives différentes, des analogies distantes et des reframings provocants. Demandez par exemple :

"Réinterprète notre challenge [X] comme s'il s'agissait d'un problème complètement différent dans ces trois domaines : architecture, médecine et agriculture. Quelles approches utilisées dans ces disciplines pourraient nous inspirer des solutions inattendues ?"

Cette technique de "pensée analogique facilitée" permet de briser les silos mentaux et d'accéder à des territoires créatifs habituellement inaccessibles dans vos brainstormings traditionnels.

La diversité cognitive représente un autre levier crucial que Copilot vous aide à exploiter. Chaque membre de votre équipe possède un style de pensée unique, certains étant plus analytiques, d'autres plus intuitifs, certains orientés détails, d'autres vision globale. Pour capitaliser sur cette richesse, utilisez des prompts comme :

"Pour notre défi d'amélioration de l'expérience client, génère des questions stimulantes adaptées à différents styles de pensée : 3 questions pour les penseurs analytiques, 3 pour les intuitifs, 3 pour les pragmatiques, et 3 pour les conceptuels."

Cette personnalisation cognitive permet à chaque membre de votre équipe d'entrer dans le processus créatif par sa porte préférentielle, maximisant ainsi les contributions et l'engagement de tous.

Pour les managers gérant des équipes dispersées ou hybrides, l'approche asynchrone facilitée par Copilot présente un avantage décisif. Un responsable d'équipe international que j'accompagnais a mis en place ce qu'il appelle des "vagues créatives" : il lance un prompt initial via Copilot, partage les résultats avec son équipe répartie sur trois fuseaux horaires, chacun enrichit les idées à son tour, et Copilot synthétise et fait évoluer le processus en continu.

"Cette méthode a complètement transformé notre capacité à innover malgré la distance. Nous ne sommes plus limités par les contraintes de réunions synchrones, et la qualité de nos idées s'est considérablement améliorée grâce à ce processus itératif facilité par l'IA."

Un levier particulièrement efficace consiste à utiliser Copilot pour structurer votre brainstorming selon des cadres créatifs éprouvés. Plutôt que de partir d'une page blanche intimidante, demandez :

"Utilise la méthode SCAMPER pour générer des pistes d'innovation sur notre service client. Pour chaque lettre (Substituer, Combiner, Adapter, Modifier, Proposer d'autres usages, Éliminer, Réorganiser), suggère 2-3 questions spécifiques adaptées à notre contexte."

Cette application de méthodologies créatives ciblées, facilitée par Copilot, structure votre démarche tout en stimulant des perspectives nouvelles et diversifiées.

La dimension visuelle constitue un autre atout majeur. Notre cerveau traite les informations visuelles de manière privilégiée, mais la création de supports visuels pendant les séances de brainstorming reste souvent limitée par les compétences ou le temps disponible. Demandez à Copilot :

"Transforme ces cinq concepts que nous avons générés en représentations visuelles simples. Pour chacun, suggère une métaphore visuelle et décris comment elle pourrait être schématisée pour faciliter la compréhension et l'engagement de l'équipe."

Ces visualisations enrichissent considérablement vos séances, favorisant une compréhension partagée et stimulant de nouvelles associations d'idées.

Pour maximiser l'impact durable de vos sessions créatives, utilisez Copilot pour concevoir ce que j'appelle des "parcours d'innovation" : des processus qui transforment les idées brutes en concepts actionnable et testables.

"Crée un plan de développement pour notre idée [Z], incluant : 3-5 hypothèses clés à valider, un prototype minimum viable à tester rapidement, 2-3 métriques pour évaluer son potentiel, et les principales objections à anticiper avec des réponses possibles."

Cette structuration transforme vos brainstormings de simples exercices intellectuels en véritables moteurs d'innovation opérationnelle.

Le véritable pouvoir de cette approche émerge lorsque vous l'intégrez dans un cycle continu plutôt qu'en sessions ponctuelles. Une directrice des opérations avec qui je travaillais a instauré ce qu'elle appelle son "rythme créatif" : chaque lundi, elle lance avec Copilot un défi créatif ciblé, laisse l'équipe contribuer tout au long de la semaine via un canal Teams dédié, et utilise à nouveau Copilot le vendredi pour synthétiser et structurer les apports, nourrissant ainsi une culture d'innovation permanente.

Dans notre prochain chapitre, nous verrons comment compléter cette mobilisation de l'intelligence collective par une communication visionnaire et inspirante, vous permettant de consolider et transmettre votre vision stratégique pour créer un alignement profond au sein de votre équipe.

5.2.2 CONSOLIDER VOTRE VISION STRATÉGIQUE ET LA COMMUNIQUER EFFICACEMENT POUR EMBARQUER L'ÉQUIPE

La vision stratégique représente l'élément unificateur crucial de tout leadership d'impact. Cette vérité m'a frappé lors d'une session avec une directrice générale brillante qui, malgré son expertise technique indéniable, peinait à créer une véritable adhésion à sa vision d'entreprise. "J'ai une idée très claire de notre direction stratégique, mais j'ai l'impression que mon équipe ne la perçoit pas avec la même netteté et le même enthousiasme," m'expliquait-elle avec une frustration palpable.

Son expérience illustre parfaitement un phénomène que j'observe fréquemment : la clarté stratégique dans l'esprit du leader ne garantit aucunement sa transmission effective à l'équipe. L'écart entre votre compréhension lumineuse et la perception fragmentée de vos collaborateurs crée ce que j'appelle le "déficit d'alignement" qui limite considérablement votre impact collectif.

Copilot transforme radicalement cette équation en vous aidant à cristalliser votre vision stratégique, puis à la communiquer avec une clarté et un impact inégalés. Cette capacité ne remplace pas votre leadership visionnaire, mais l'amplifie considérablement en éliminant les obstacles communicationnels qui diluaient jusqu'alors votre message.

Pour exploiter pleinement ce potentiel, j'ai développé une méthodologie structurée en quatre phases que j'appelle le modèle "CRIC" (Clarification, Raffinement, Illustration, Communication) :

- **Clarification fondamentale** : La première étape consiste à formuler votre vision avec une limpidité cristalline. Demandez à Copilot : "Aide-moi à clarifier ma vision stratégique concernant [X]. Pose-moi les 10 questions les plus pertinentes pour préciser ses dimensions clés : objectifs finaux, principes directeurs, différenciation, et impact attendu." Cette technique de questionnement structuré vous force à préciser votre pensée et à combler les zones floues qui subsistent souvent dans nos visions mentales.

- **Raffinement itératif** : Affinez votre vision par couches successives. "Prends cette première formulation de ma vision stratégique et aide-moi à l'améliorer. Identifie les éléments imprécis, les contradictions potentielles, et les points qui mériteraient une articulation plus claire. Suggère des reformulations pour renforcer sa cohérence et son impact." Ce dialogue itératif transforme progressivement une idée brute en vision parfaitement ciselée.

- **Illustration mémorable** : Enrichissez votre vision d'images et métaphores puissantes. "Propose 3-5 analogies ou métaphores qui pourraient illustrer de façon mémorable l'essence de cette vision stratégique. Pour chacune, suggère comment elle pourrait être développée en récit inspirant pour mon équipe." Ces éléments visuels et narratifs ancrent votre message dans l'imaginaire collectif bien plus efficacement que des abstractions.

- **Communication multicouche** : Déclinez votre vision en formats adaptés à différents contextes. "Génère trois versions de communication de cette vision : une version courte et percutante (30 secondes), une présentation structurée de 5 minutes, et un document de référence détaillé. Assure-toi que chaque version conserve l'essence de la vision tout en s'adaptant à son contexte d'utilisation."

L'efficacité de cette approche m'a été confirmée par un directeur marketing qui a transformé la cohésion et l'engagement de son équipe. "Avant, ma vision stratégique restait une abstraction pour mon équipe. Aujourd'hui, grâce à ce processus de clarification et de communication assisté par Copilot, elle est devenue une force motrice partagée qui guide naturellement nos décisions quotidiennes."

Un aspect particulièrement puissant de cette méthode concerne la capacité à personnaliser la communication stratégique selon les différents profils de votre équipe. Notre cerveau traite et intègre l'information de manière unique, certains étant plus réceptifs aux données chiffrées, d'autres aux récits, d'autres encore aux schémas visuels. Pour capitaliser sur cette diversité cognitive, utilisez Copilot :

"Adapte cette vision stratégique pour différents profils cognitifs de mon équipe : une version pour les penseurs analytiques privilégiant données et logique, une version pour les innovateurs cherchant le changement et les possibilités, une version pour les pragmatiques orientés mise en œuvre concrète, et une version pour les relationnels sensibles à l'impact humain."

Cette personnalisation cognitive permet à chaque membre de votre équipe d'accéder à votre vision par sa porte d'entrée naturelle, maximisant ainsi la résonance et l'adhésion.

La communication de vision ne se limite pas à une présentation ponctuelle, mais s'inscrit dans un processus continu de renforcement. Un directeur des opérations que j'accompagnais a conçu avec Copilot ce qu'il appelle son "écosystème narratif stratégique" : un ensemble cohérent de messages, d'histoires et d'illustrations qui réaffirment sa vision à travers différents canaux et occasions.

"Développe un plan de communication stratégique sur 3 mois pour ancrer cette vision dans la culture d'équipe. Suggère des opportunités de renforcement lors de réunions régulières, dans les communications écrites, et à travers des moments informels. Pour chaque occasion, propose un angle spécifique à mettre en lumière."

Cette approche systémique transforme une vision éphémère en influence durable qui façonne progressivement la culture et les comportements.

Un levier particulièrement efficace consiste à utiliser Copilot pour développer ce que j'appelle des "histoires de vision" : des récits emblématiques qui incarnent votre direction stratégique dans des situations concrètes et mémorables. Demandez par exemple :

"Crée trois récits courts et impactants qui illustrent notre vision stratégique en action. Pour chacun, décris une situation concrète montrant comment cette vision se manifeste dans notre quotidien professionnel, quel impact elle génère, et comment elle crée de la valeur pour nos clients et notre équipe."

Ces histoires agissent comme des véhicules émotionnels puissants qui transportent votre vision abstraite dans l'univers tangible et relationnel de votre équipe.

La dimension visuelle constitue un autre atout majeur. Notre cerveau traite les informations visuelles 60 000 fois plus rapidement que le texte. Exploitez cette capacité en demandant à Copilot :

"Transforme les éléments clés de notre vision stratégique en représentation visuelle simple et mémorable. Suggère un schéma conceptuel qui capture l'essence de cette direction, ses composantes principales, et les relations entre elles."

Ces visualisations deviennent des ancrages cognitifs puissants qui facilitent la mémorisation et l'intégration de votre message stratégique.

Pour maximiser l'impact durable de votre vision, utilisez Copilot pour concevoir ce que j'appelle des "connexions opérationnelles" : des liens explicites entre la vision globale et les actions quotidiennes de vos collaborateurs.

"Pour chaque rôle clé dans mon équipe, identifie 3-5 façons concrètes dont cette vision stratégique devrait influencer leurs décisions et actions quotidiennes. Crée un guide personnalisé qui montre comment les principes directeurs de notre vision se traduisent en comportements spécifiques pour chaque fonction."

Cette traduction pratique transforme une vision théorique en boussole décisionnelle qui guide l'action de chacun, même en votre absence.

Le véritable pouvoir d'une vision partagée émerge lorsque vous créez des mécanismes de co-construction et d'appropriation collective. Une directrice des ressources humaines avec qui je travaillais a utilisé Copilot pour concevoir ce qu'elle appelle des "ateliers d'enrichissement vision" :

"Conçois un atelier interactif de 90 minutes permettant à mon équipe d'enrichir et de s'approprier notre vision stratégique. Inclus des activités pour explorer ses implications concrètes, identifier des opportunités d'application, et inviter chacun à y ajouter sa perspective unique. Suggère une structure, des questions stimulantes, et des modalités de facilitation."

Cette approche collaborative transforme vos collaborateurs de simples récepteurs à co-créateurs, multipliant exponentiellement leur niveau d'engagement et d'appropriation.

Un aspect souvent négligé concerne l'anticipation des objections et résistances. Toute vision ambitieuse suscite naturellement des questionnements. Plutôt que de les ignorer, utilisez Copilot pour les prévoir et les adresser proactivement :

"Identifie les 5-7 questions, doutes ou résistances potentiels que mon équipe pourrait avoir face à cette vision stratégique. Pour chacun, suggère une réponse authentique et convaincante, des exemples concrets qui renforcent ma position, et une façon d'inviter au dialogue plutôt qu'à la défensive."

Cette préparation vous permet d'aborder les conversations difficiles avec sérénité et ouverture, transformant les objections en opportunités d'enrichissement mutuel.

L'un des outils les plus puissants que j'ai découverts avec Copilot concerne la création de ce que j'appelle des "rituels de vision" : des pratiques régulières qui maintiennent votre direction stratégique au cœur des préoccupations de l'équipe malgré les distractions quotidiennes.

"Suggère 3-5 rituels d'équipe simples mais significatifs qui nous aideraient à garder notre vision stratégique vivante au quotidien. Pour chacun, explique son fonctionnement, sa fréquence idéale, et comment l'intégrer naturellement dans nos pratiques existantes sans créer de charge supplémentaire."

Ces rituels créent un battement régulier qui pulse votre vision dans la vie quotidienne de l'équipe, assurant qu'elle reste une force d'influence constante plutôt qu'un événement ponctuel rapidement oublié.

Dans notre prochain chapitre, nous synthétiserons l'ensemble des dimensions explorées dans cet ouvrage, pour créer une vision intégrée de votre évolution en tant que leader augmenté par l'IA, capable de combiner efficacité opérationnelle, impact communicationnel, clarté décisionnelle et leadership visionnaire.

Conclusion

Une aventure partagée se termine rarement par un simple au revoir. Notre exploration du leadership augmenté par l'IA mérite un moment de réflexion, semblable à celui d'un navigateur qui, après avoir exploré des territoires inconnus, contemple à la fois le chemin parcouru et l'horizon qui s'étend devant lui. Ce voyage que nous avons entrepris ensemble à travers les capacités de M365 Copilot n'est pas qu'une simple découverte technologique, mais une profonde réinvention de votre rôle de manager.

Je me souviens de mes premiers pas avec l'intelligence artificielle dans le contexte managérial. Comme beaucoup, j'étais partagé entre fascination et scepticisme. La fascination pour ce potentiel immense, et le scepticisme face aux promesses souvent exagérées des nouvelles technologies. Mais l'expérience m'a progressivement convaincu d'une vérité fondamentale : nous vivons un moment charnière dans l'évolution du leadership, comparable à l'arrivée d'internet ou des smartphones dans notre quotidien professionnel.

Ce que vous venez d'explorer dans ces pages représente bien plus qu'une série de techniques ou de fonctionnalités. Vous avez découvert une nouvelle façon de concevoir votre rôle. Imaginez un capitaine de navire qui, après des années à manœuvrer seul dans des eaux agitées, se retrouve soudain avec un équipage augmenté qui anticipe ses besoins, traite les tâches répétitives et lui permet de se concentrer sur l'essentiel : la direction à prendre et le développement de son équipage. Cette métaphore capture l'essence même de la transformation que vous êtes en train de vivre.

La navigation managériale traditionnelle vous imposait de jongler constamment entre différentes cartes et instruments : communications, suivi de performance, développement des talents, prise de décision. Une grande partie de votre temps et de votre énergie était consacrée à simplement garder le cap dans un océan d'informations toujours plus vaste et tumultueux. Votre attention, cette ressource si précieuse, se trouvait fragmentée entre mille tâches administratives qui, bien qu'essentielles, vous éloignaient de votre véritable valeur ajoutée.

Aujourd'hui, avec M365 Copilot comme copilote de navigation, vous accédez à un nouveau paradigme. L'IA ne prend pas la barre à votre place, elle ne définit pas la destination, mais elle vous libère d'une charge cognitive et opérationnelle qui vous empêchait de déployer pleinement vos talents de leader. Ce partenariat homme-machine redessine les contours mêmes de votre métier.

Dans ce nouveau paysage, les compétences qui feront la différence ne sont plus les mêmes. La maîtrise technique cède progressivement le pas à l'intelligence relationnelle, à la vision stratégique et à la capacité à inspirer et développer votre équipe. L'IA s'occupe de l'exécution, vous vous concentrez sur la direction et le sens. Cette répartition des rôles n'est pas une menace pour votre fonction, mais son évolution naturelle vers une forme plus accomplie et impactante.

Le chapitre sur la récupération de votre temps précieux vous a montré comment automatiser les tâches répétitives qui consumaient vos journées. Ces heures gagnées ne sont pas une simple économie de temps, mais un investissement dans votre capital stratégique. Comme me l'a confié un directeur commercial récemment : "Pour la première fois depuis des années, j'ai l'impression de diriger activement mon équipe plutôt que de simplement réagir aux urgences quotidiennes."

En explorant l'amplification de votre impact communicationnel, vous avez découvert comment transformer des messages standardisés en communications personnalisées et percutantes. La qualité de vos interactions n'est plus limitée par votre temps disponible, mais amplifiée par un assistant qui vous aide à adapter finement votre message à chaque contexte et interlocuteur. Une directrice des ressources humaines avec qui je travaille m'a partagé combien cette dimension avait transformé sa relation avec ses équipes : "Mes communications sont devenues tellement plus riches et nuancées, touchant vraiment les préoccupations individuelles de chaque collaborateur."

La clarté décisionnelle que vous avez explorée dans notre troisième chapitre représente peut-être l'un des gains les plus profonds. En transformant des données brutes en insights actionnables, vous naviguez désormais avec une visibilité accrue. Les décisions que vous prenez ne sont plus basées sur des impressions ou des informations partielles, mais sur une compréhension holistique de votre environnement. La confiance qui en découle rayonne sur votre équipe et renforce naturellement votre leadership.

La délégation augmentée, cette capacité à définir des missions claires et à fournir l'autonomie informationnelle nécessaire, transforme la relation avec vos collaborateurs. Un responsable d'équipe technique m'a récemment confié : "Mes collaborateurs se sentent désormais véritablement responsabilisés, non pas parce que je leur délègue plus, mais parce que je leur donne accès à un contexte informationnel qui les rend autonomes dans leurs décisions."

Enfin, la libération de votre leadership stratégique vous permet de réinvestir votre temps et votre énergie dans ce qui fait réellement la différence : le développement de vos talents et la construction d'une vision inspirante. Cette dimension transforme votre posture même de manager, vous faisant passer du rôle de superviseur à celui d'architecte de potentiels humains et de créateur de sens collectif.

À travers ces cinq dimensions, vous avez redéfini votre navigation managériale. Mais cette transformation n'est pas qu'une question d'efficacité ou de performance. Elle touche à quelque chose de plus profond : votre identité professionnelle et votre satisfaction dans l'exercice de votre rôle. Les managers qui embrassent pleinement ce paradigme rapportent non seulement de meilleurs résultats, mais aussi un sentiment d'accomplissement renouvelé. Ils redécouvrent pourquoi ils ont choisi cette voie.

Cette évolution ne se fait pas sans questions ni appréhensions. Tout au long de notre parcours, nous avons abordé les enjeux éthiques, les limites de l'IA et l'importance cruciale du jugement humain. Copilot reste un outil, aussi sophistiqué soit-il. La sagesse de savoir quand et comment l'utiliser demeure votre prérogative exclusive. Certaines interactions nécessiteront toujours votre présence pleine et entière, sans médiation technologique.

La métaphore maritime nous offre encore une perspective éclairante. Un capitaine expérimenté sait quand utiliser les instruments de navigation automatisés et quand se fier à son instinct et son expérience. Il comprend que certaines situations exigent une présence humaine indivisible, tandis que d'autres peuvent bénéficier d'une assistance technologique. Cette sagesse différentielle constitue peut-être la compétence ultime du leader augmenté.

Votre voyage avec Copilot ne fait que commencer. Comme toute technologie transformative, l'IA générative continuera d'évoluer, offrant de nouvelles possibilités que nous pouvons à peine imaginer aujourd'hui. Les fonctionnalités que nous avons explorées ensemble ne représentent que la première vague d'innovations. Votre attitude d'explorateur curieux et d'apprenant permanent sera votre meilleur atout pour naviguer dans ce futur en constante évolution.

Je vous invite à considérer votre apprentissage comme un processus itératif. Commencez par expérimenter les techniques qui résonnent le plus avec vos besoins immédiats. Observez les résultats, ajustez votre approche, partagez vos découvertes avec vos pairs. Créez votre propre bibliothèque de prompts efficaces et de workflows optimisés. Chaque manager développera progressivement son propre style d'utilisation de Copilot, reflétant sa personnalité et ses priorités uniques.

L'adoption du leadership augmenté n'est pas qu'une démarche individuelle, elle s'inscrit dans une transformation organisationnelle plus large. En tant que pionnier dans votre environnement professionnel, vous avez une opportunité unique d'influencer positivement cette évolution. Partagez vos succès, mentionnez les obstacles surmontés, inspirez vos collègues par l'exemple plutôt que par l'injonction. Les cultures évoluent par contamination positive, rarement par décret.

Si je devais synthétiser l'essence de cette transformation en un principe directeur, ce serait celui-ci : l'IA devrait amplifier votre humanité managériale, non la remplacer. Dans un monde professionnel de plus en plus technologique, la capacité à créer des connexions authentiques, à inspirer confiance et engagement, à développer des talents devient paradoxalement plus précieuse que jamais. Copilot vous libère précisément pour intensifier ces dimensions profondément humaines de votre leadership.

Certains craignent que l'IA ne standardise le management, créant une forme d'homogénéisation des pratiques. Mon expérience me prouve exactement le contraire. En libérant les managers des contraintes opérationnelles, l'IA leur permet d'exprimer plus pleinement leur style unique et leurs valeurs personnelles. La diversité des approches managériales s'en trouve enrichie, non appauvrie. Votre singularité de leader peut désormais s'épanouir sans les limitations qui l'entravaient.

Je vous encourage à revisiter régulièrement les différents chapitres de ce livre à mesure que votre maîtrise progresse. Ce qui peut sembler avancé aujourd'hui deviendra naturel demain, ouvrant de nouvelles perspectives d'application. Chaque technique prend une nouvelle dimension une fois intégrée dans votre pratique quotidienne. Ce n'est qu'en expérimentant concrètement que vous découvrirez la pleine puissance de ces approches.

Une manager d'équipe marketing m'a récemment confié : "Après trois mois d'utilisation régulière de Copilot selon les méthodes que vous m'avez enseignées, je ne vois plus mon rôle de la même façon. Des aspects de leadership que je considérais comme inaccessibles faute de temps sont devenus ma nouvelle normalité. Mes collaborateurs me disent qu'ils sentent la différence dans ma présence et mon accompagnement."

Cette transformation silencieuse mais profonde représente l'essence de notre parcours commun. Au-delà des techniques spécifiques et des fonctionnalités de Copilot, c'est une nouvelle conception du management qui émerge, plus stratégique, plus humaine, plus épanouissante. Une conception où la technologie amplifie vos forces naturelles au lieu de vous conformer à des standards préétablis.

En terminant notre voyage, je vous invite à une réflexion personnelle. Quelles dimensions de votre leadership souhaitez-vous particulièrement développer grâce au temps et à l'espace mental libérés ? Quel impact aspirez-vous à avoir sur vos collaborateurs, votre organisation, peut-être même votre secteur d'activité ? La vraie promesse de Copilot n'est pas simplement de vous rendre plus efficace dans ce que vous faites déjà, mais de vous permettre de réinventer fondamentalement votre contribution.

Pour ma part, j'ai observé comment cette technologie a progressivement transformé ma propre pratique du leadership et de l'accompagnement. Des activités que je considérais auparavant comme des luxes occasionnels, comme les sessions de coaching approfondies ou la réflexion stratégique de fond, sont devenues des éléments centraux de mon quotidien. Le temps libéré n'a pas été simplement absorbé par plus de travail, mais réinvesti dans une qualité de présence et d'impact impossibles auparavant.

Notre métaphore maritime trouve ici son point culminant. Le capitaine augmenté que vous êtes devenu ne navigue pas simplement plus vite ou plus loin, il explore des territoires entièrement nouveaux. Sa relation avec l'équipage s'approfondit, sa compréhension des courants et des vents s'affine, sa capacité à inspirer et guider se renforce. La destination elle-même peut évoluer, révélant des horizons que vous n'aviez peut-être pas envisagés au départ de cette aventure.

En embrassant pleinement ce nouveau paradigme du leadership augmenté, vous ne vous contentez pas de suivre une tendance technologique éphémère. Vous participez activement à l'écriture du futur du management. Un futur où les outils numériques libèrent le potentiel humain plutôt que de le contraindre, où l'intelligence artificielle et l'intelligence émotionnelle se complètent plutôt que de s'opposer, où l'efficacité opérationnelle et l'épanouissement professionnel se renforcent mutuellement.

Je vous souhaite des vents favorables pour la suite de votre navigation augmentée. Que Copilot soit pour vous non pas une fin en soi, mais un moyen d'exprimer pleinement votre vision unique du leadership, d'avoir l'impact que vous aspirez à créer, et de trouver une satisfaction renouvelée dans ce métier magnifique et exigeant qu'est le management d'équipe.

La mer est vaste, les possibilités infinies. Votre voyage ne fait que commencer.

REMERCIEMENTS

Ce livre est né d'innombrables conversations avec des managers confrontés aux mêmes défis : comment naviguer dans l'océan des responsabilités tout en préservant l'essence même du leadership. Chaque frustration partagée, chaque question posée a façonné ces pages.

Ma gratitude va d'abord à ces managers courageux qui m'ont ouvert leurs portes et confié leurs doutes. Vous avez été les premiers à comprendre que l'IA n'est pas une menace, mais une alliée précieuse dans notre quête d'un leadership plus humain.

Merci à l'équipe qui a rendu ce projet possible, transformant mes idées brouillones en conseils structurés et accessibles. Votre patience face à mes enthousiasmes technologiques mérite une médaille.

À vous, lecteur, qui avez choisi d'explorer cette nouvelle frontière du management augmenté : votre curiosité et votre volonté d'évolution sont admirables. Si ces pages vous ont apporté ne serait-ce qu'une idée transformative, n'hésitez pas à partager votre expérience avec d'autres. L'intelligence, qu'elle soit artificielle ou humaine, s'enrichit toujours du partage.

Alexandre Leroy